Kauderwelsch
Band 136

Ältere Herrschaften aus Mindanao

Impressum

Janet M. Arnado & Volker Heinrich
Cebuano (Visaya) – Wort für Wort
erschienen im
REISE KNOW-HOW Verlag Peter Rump GmbH
Osnabrücker Str. 79, D-33649 Bielefeld

4., verbesserte Auflage 2017

Bearbeitung & Layout Claudia Schmidt
Umschlag Peter Rump
Layout-Konzept Günter Pawlak, FaktorZwo! Bielefeld
Kartographie Iain Macneish
Fotos Fotografen@Fotolia.com, Fotografen@dreamstime.com, Janet Arnado & Volker Heinrich (JA & VH)
Druck und Bindung Werbedruck GmbH Horst Schreckhase, Spangenberg

ISBN 978-3-8317-6515-7

Printed in Germany

Deutschland
Schweiz
Österreich
Belgien & Niederlande
direkt

Die Internetseiten mit Aussprachebeispielen und der Zugriff auf diese über QR-Codes sind eine freiwillige, kostenlose Zusatzleistung des Verlages. Der Verlag behält sich vor, die Bereitstellung des Angebotes und die Möglichkeit der Nutzung zeitlich und inhaltlich zu beschränken. Der Verlag übernimmt keine Garantie für das Funktionieren der Seiten und keine Haftung für Schäden, die aus dem Gebrauch der Seiten resultieren. Es besteht ferner kein Anspruch auf eine unbefristete Bereitstellung der Seiten.

Der Verlag möchte die **Reihe Kauderwelsch** weiter ausbauen und **sucht Autoren!** Mehr Informationen finden Sie unter ***www.reise-know-how.de/verlag/mitarbeit***

Kauderwelsch

Janet M. Arnado
&
Volker Heinrich

Cebuano (Visaya)

Wort für Wort

Kauderwelsch heißt:

- Schnell mit dem **Sprechen** beginnen, auch wenn nicht immer alles korrekt ist.
- Von der **Grammatik** wird nur das Wichtigste in einfachen Worten erklärt.
- Alle Beispielsätze werden doppelt ins Deutsche übertragen: erst **Wort-für-Wort,** dann in normales Deutsch. Die Wort-für-Wort-Übersetzung hilft, die neue Sprache schneller zu durchschauen, außerdem lassen sich dadurch leichter einzelne Wörter im fremdsprachigen Satz austauschen.
- Es geht um die **Alltagssprache,** also das, was man tatsächlich auf der Straße hört.
- Die **Autoren** sind entweder Reisende, die die Sprache im Land selbst gelernt haben, oder Muttersprachler.

Kauderwelsch-Sprachführer sind keine Lehrbücher, aber viel mehr als traditionelle Reisesprachführer. Wer ein wenig Zeit investiert, einige Vokabeln lernt und die Sprache im Land anwendet, wird **Türen öffnen,** ein Lächeln ins Gesicht zaubern und reichere Erfahrungen machen.

Talk to each other!

Kauderwelsch zum Anhören

Einzelne Sätze und Ausdrücke aus diesem Buch können Sie sich **kostenlos anhören.** Diese **Aussprachebeispiele** erreichen Sie über die im Buch abgedruckten QR-Codes oder diese Adresse: www.reise-know-how.de/kauderwelsch/136

Die Aussprachebeispiele im Buch sind Auszüge aus dem umfassenden Tonmaterial, das unter dem Titel **„Kauderwelsch Aussprachetrainer Cebuano“** separat als Download über Online-Hörbuchshops oder auch über unsere Internetseite:

www.reise-know-how.de

erhältlich ist. (ISBN 978-3-95852-023-3)

Alle Sätze, die Sie auf dem Aussprachetrainer hören können, sind in diesem Buch mit einem 👂 gekennzeichnet.

Inhalt

Inhalt

Konversation

Anhang

A-Z

Parade der Ureinwohner auf dem Kaamulan Festival, Malaybalay

Vorwort

Die Philippinen haben alles, was der erholungsuchende und regenverwöhnte Mitteleuropäer brauchen könnte: 7107 wunderschöne tropische Inseln, davon sind rund 5000 sogar unbesiedelt. Es wird von allem reichlich geboten, sei es Sonne, Strand, badewannenwarmer Ozean, faszinierende Korallenriffs mit teilweise erscheckend schönen Lebewesen, rauchende Vulkane, tropische Regenwälder, in denen nicht nur der kleinste Affe der Welt turnt, leckere Früchte, lokale Essensspezialitäten, und nicht zuletzt ein liebes und lustiges Volk.

Und da sich diese knapp 95 Millionen Menschen auf den verbleibenden zweitausendnochwas Inseln ballen, läuft man ihnen doch recht häufig über den Weg und möchte nun auch mit ihnen kommunizieren. Gewiss, man kann nun sein Schulenglisch auspacken oder es sogar mit ein paar Fetzen Spanisch probieren, aber der Schlüssel für das Herz des Filipinos ist dessen Muttersprache. Schon ein wackeliges Maáyong buntag! (Guten Morgen!) zaubert ein Strahlen auf die Gesichter, selbst wenn es versehentlich am Abend benutzt wird.

Wir wünschen Ihnen viele neue, schöne Erfahrungen!

Janet M. Arnado & Volker Heinrich

Hinweise zur Benutzung

Der Sprechführer Cebuano setzt sich aus den Hauptabschnitten Grammatik, Konversation und Wörterliste zusammen.

Grammatik Die Grammatik beschränkt sich auf das Wesentliche und ist so einfach gehalten wie möglich. Deshalb sind auch nicht alle Ausnahmen und Unregelmäßigkeiten der Sprache erklärt. Wer jedoch noch tiefer in die Grammatik der cebuanischen Sprache eindringen möchte, findet im Anhang Hinweise auf weiterführende Literatur. Sie müssen den Grammatikteil nicht unbedingt von vorne bis hinten durcharbeiten, sondern können natürlich auch sofort mit dem Konversationsteil beginnen und die Grammatik nur zum Nachschlagen verwenden.

Konversation In diesem Teil finden Sie Sätze aus dem Alltagsgespräch, die Ihnen einen ersten Eindruck davon vermitteln sollen, wie die cebuanische Sprache „funktioniert", und die Sie auf das vorbereiten sollen, was Sie später auf den Philippinen hören werden – denn was man vorher schon einmal gelesen hat, versteht man später viel leichter. Sowie man sich auch nur ein wenig vom Allerallgemeinsten entfernt, wird es unwahrscheinlich, dass Sie exakt den gewünschten Satz hier finden werden. Nutzen Sie die Beispielsätze auch als Fundus von Satzschablonen und -mustern, die Sie selbst Ihren Bedürfnissen anpassen.

Wort-für-Wort-Übersetzung

Damit Sie die Wortfolge des Cebuano in den Beispielsätzen nachvollziehen können, ist eine Wort-für-Wort-Übersetzung in kursiver Schrift ergänzt.

Jedem cebuanischen Wort entspricht ein Wort in der Wort-für-Wort-Übersetzung. Wird ein cebuanisches Wort im Deutschen durch zwei Wörter übersetzt, sind diese in der Wort-für-Wort-Übersetzung durch einen Bindestrich verbunden:

Kumústa ka?
wie-geht's du
Wie geht s dir?

Werden in einem Satz mehrere Wörter angegeben, die man untereinander austauschen kann, steht ein Schrägstrich.

Asa man ang restáwran / kasílyas?
wo ! das Restaurant / Toilette
Wo ist ein Restaurant / die Toilette?

Mit Hilfe der Wort-für-Wort-Übersetzung können Sie die Beispielsätze leicht Ihren eigenen Bedürfnissen anpassen, auch wenn das Ergebnis nicht immer perfekt ist.

Wörterlisten

Die Wörterlisten am Ende des Buches helfen Ihnen dabei. Sie enthalten einen Grundwortschatz Deutsch – Cebuano und Cebuano – Deutsch von je ca. 1.000 Wörtern, mit denen man schon eine Menge anfangen kann.

Abkürzungen

Ez / Mz	Einzahl / Mehrzahl
Mz.	Mehrzahlwort, setzt das folgende Hauptwort in die Mehrzahl
inkl.	„inklusives wir", schließt den Angesprochenen mit ein
exkl.	„exklusives wir", schließt den Angesprochenen aus
?	Fragepartikel
!	eine Betonungspartikel, die Sätzen mehr Nachdruck verleiht
GV	Vorsilbe für Tätigkeitswörter, die Gegenwart oder Vergangenheit ausdrückt
Z	Vorsilbe für Tätigkeitswörter, die Zukunft oder Möglichkeit ausdrückt
Engl.	Englisch

Umschlagklappe

Die Umschlagklappe hilft, die wichtigsten Sätze und Formulierungen stets parat zu haben. Aufgeklappt ist der Umschlag eine wesentliche Erleichterung, da nun die gewünschte Satzkonstruktion mit dem entsprechenden Vokabular aus den einzelnen Kapiteln kombiniert werden kann. Wenn alles nicht mehr weiterhilft, dann ist vielleicht das Kapitel „Nichts verstanden? – Weiterlernen!" der richtige Tipp. Es befindet sich ebenfalls im Umschlag, stets bereit, mit der richtigen Formulierung für z. B. „Ich habe leider nicht verstanden." oder „Wie bitte?" auszuhelfen.

Seitenzahlen

Im Alltag werden meist die spanischen Zahlen verwendet. Um Ihnen den Umgang mit ihnen zu erleichtern, wird auf jeder Seite die Seitenzahl auch auf Spanisch angegeben!

Land & Sprache

Die Philippinen haben insgesamt 168 lebende Sprachen bzw. Dialekte. Im Rahmen dieses Sprechführers werden wir uns jedoch nur mit Cebuano, der Sprache des Südens, die auch mit leichten Abwandlungen Visayan, Bisayan, Sugbuhanon, Binisaya oder Sebuano genannt wird, auseinandersetzen. Die Sprache wird hauptsächlich auf Cebu, Leyte, Bohol, Negros Oriental, Camiguin und Mindanao (ohne Zamboanga und Marawi) gesprochen.

Obgleich mehr Filipinos – um es genau zu sagen: 24,4% – Cebuano als erste Sprache erlernen, hat es sich nicht als Nationalsprache gegen Tagalog (mit 23,8%) durchsetzen können. Die Entscheidung kam von dem Regierungssitz in Manila, der im Tagalog sprechenden Luzon liegt. Unter Protest der Cebuano sprechenden Filipinos wurde also Tagalog 1937 vom Präsidenten Manuel Quezon zur Nationalsprache erklärt. Auch dass die Nationalsprache später in Filipino umbenannt wurde, konnte den Streit nicht beilegen. Selbst heutzutage gibt es Filipinos, die sogar Englisch bevorzugen, ehe sie sich der Nationalsprache „beugen“.

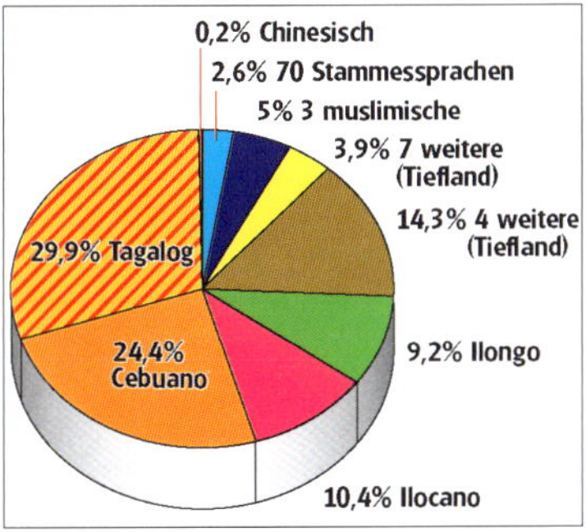

Wo man Cebuano spricht:
Südchinesisches Meer
Tacloban
LEYTE
Bacolod
CEBU
Cebu
NEGROS
BOHOL
Butuan
Dipolog
Cagayan de Oro
Pagadian
MINDANAO
Cotabato
Davao
Zamboanga
General Santos
LUZON
PHILIPPINEN
MINDANAO
PAZIFISCHER OZEAN
500 km

Die spanische Kolonialzeit hat tiefe Spuren in der cebuanischen Sprache hinterlassen: Zahlreiche spanische Wörter haben den Eingang in den alltäglichen Sprachgebrauch gefunden. Teilweise wurden sie in der Schreibweise bzw. Klang etwas angepasst: Kumusta? (Wie geht's?) für das spanische ¿Cómo está?. Neuzeitliche Begriffe und Modewörter werden – ähnlich wie in Deutschland, aber öfter als bei uns – in englischer Sprache ausgedrückt. Dieses Sprachendurcheinander ist sehr schön in dem Gebrauch der Zahlen zu erkennen: Von 1 bis 10 werden meist cebuanische, von 11 bis 99 spanische, und ab 100 englische Zahlen verwendet. Die Schulbücher sind aber alle in Tagalog oder Englisch abgefasst. Die Sprache Cebuano selbst wird in der Schule nicht gelehrt.

Das cebuanische Alphabet wird nach den ersten vier Buchstaben Abakada genannt und bedient sich wie die deutsche Sprache lateinischer Buchstaben, verzichtet dabei allerdings auf einige Buchstaben. Cebuano wird nur selten niedergeschrieben, man muss eher danach suchen. Es gibt aber ein paar kleinere Zeitungen und Bücher in Cebuano. Und jetzt auch diesen Kauderwelsch Cebuano ...

Im vorliegenden Sprechführer gehen wir nicht auf Gesprächssituationen ein, in denen sich auch Filipinos normalerweise nicht auf Cebuano verständigen würden, z.B. die Bereiche „Bank“, „Post“, „Behörden“. Eine Ausnahme bietet das Kapitel „Krank sein“.

Aussprache & Betonung

Der Vokal e kommt bis auf ganz wenige Ausnahmen nur in Fremdwörtern (vor allem aus dem Spanischen) vor und wird auch darin oft wie i ausgesprochen; auch die Schreibung schwankt in diesen Fällen oft. In ähnlicher Weise stellen auch o und u im Cebuano letztendlich nur Varianten desselben Lauts dar. Hier gibt es aber eine durch die Silbenstruktur der Wörter bedingte Verteilung: am Wortanfang und in der Wortmitte spricht man meist ein u, am Wortende jedoch ein o. Auch hier kann die Schreibweise von der tatsächlichen Aussprache abweichen.

Wer als Deutscher einem Filipino einen in Cebuano geschriebenen Satz vorliest, wird zumeist verstanden. Manchmal erhält man sogar ein Lob dafür, dass man seinen amerikanischen Akzent so „mühevoll" unterdrückt hat. – Die Startbedingungen, um diese Sprache zu erlernen, sind für einen Deutschen also recht günstig!

Im Cebuano werden folgende lateinische Buchstaben verwendet:

a b k d e g h i l m n ng o p r s t u w y

Nur in Eigennamen tauchen aufgrund des spanischen Einflusses auch andere Buchstaben auf, wie z.B. das „c" von „Cebuano". Der Buchstabe j kommt z. B. in Wörtern aus dem Englischen oder Spanischen vor.

Selbstlaute

Die Selbstlaute (Vokale) a, e, i, o, u unterscheiden sich in ihrer Aussprache nicht wesentlich vom Deutschen. Eine Kennzeichnung von offenen und geschlossenen Selbstlauten ist nicht notwendig, um verstanden zu werden, da der Unterschied im Cebuano nicht so deutlich ausfällt wie im Deutschen.

Laut	Beispiel	Aussprache
aa	**maáyo** (gut)	Mehrfachselbstlaute werden immer hör-
oo	**oó** (ja)	bar getrennt ausgesprochen und üblicher-
ii	**gabíi** (Abend)	weise auf dem letzten Bestandteil betont
ay	**gamáy** (wenig)	wie „ei" in „B**ei**n"
e	**Martes** (Dienstag)	meist offen wie „ä" bzw. erstes „e" in „**E**nte"
w	**mingáw** (einsam)	Halblaut zwischen „u" und „w" wie im engl. „**w**hat", nach einem Selbstlaut wie „u" in unserem „au"
y	**baláy** (Haus)	nach Selbstlaut wie „i" in unserem „ai"
	yarda (Yard)	am Wort- / Silbenanfang wie „j" in „**J**äger"

Mitlaute

Die Mitlaute (Konsonanten) werden teilweise etwas anders ausgesprochen als im Deutschen. Bei diesen muss man aufpassen:

Laut	Beispiel	Aussprache
ch	**ochénta** (achtzig)	in Wörtern spanischer Herkunft wie „tsch" in „Ma**tsch**"
j	**Jeepney** (Kleinbus)	in Wörtern englischer Herkunft wie „dsch" in „**Dsch**ungel",
	Juán *(Eigenname)*	bei spanischer Herkunft wie „ch" in „Ba**ch**"
h	**hardín** (Garten)	wird immer hörbar gesprochen
ng	**hangtod** (bis)	wie „ng" in „Di**ng**", der Bestandteil „g" wird dabei nicht extra gesprochen
r	**asúkar** (Zucker)	gerolltes Zungen-„r" wie im Spanischen
s	**lungsód** (Stadt)	immer scharf (stimmlos) wie „s" in „Bu**s**"
sh	**cash** (Geld)	wird von Filipinos in englischen Wörtern oft wie scharfes „s" ausgesprochen

Wenn Sie trotz einwandfreier Betonung ganz und gar nicht verstanden werden, liegt es daran, dass viele Filipinos grundsätzlich davon ausgehen, dass Sie als ilóng taás *(Langnase) sowieso Englisch sprechen.*

Da das Cebuano keinen eigenen „f"-Laut kennt, verwechseln die Sprecher in englischstämmigen Wörtern (oder wenn sie Englisch sprechen) oft „f" mit „p" und „v" mit „b". Nimmt man noch die typische Aussprache von sh hinzu, wird so z. B. aus fishing vessel, also dem Fischerboot, ein „pissing bessel"! Sie müssen beim Hören solcher Wörter die Vertauschung gewissermaßen wieder rückgängig machen, und schon bekommen Sie in der Regel das vom Sprecher beabsichtigte Wort.

Bindestriche

Solche Wörter bilden im Cebuano ein einziges, nicht zusammengesetztes Wort. Es handelt sich also nur um eine besondere Rechtschreibregel.

Einige Wörter enthalten einen Bindestrich, wie z. B. bug-át (schwer). Damit kennzeichnet man einen Knacklaut vor einem Selbstlaut, so wie in deutsch „ver-eisen" (statt „verreisen"!).

Betonung

Die Betonung liegt meistens dort, wo man sie nicht erwartet. Eine Faustregel gibt es nicht. Deshalb haben wir immer dann einen Akzent auf den Selbstlaut der betonten Silbe gesetzt, wenn nicht die erste Silbe betont wird.

Groß- & Kleinschreibung

Machen Sie es wie im Englischen, und Sie liegen richtig.

Wörter am Satzanfang sowie Eigennamen, Tage und Monate werden groß geschrieben, alle anderen Wörter (auch Hauptwörter) werden klein geschrieben.

Wörter, die weiterhelfen

Hier einige „lebensnotwendige" Wörter, die vom hektischen Zeitgenossen noch eben schnell im Flugzeug studiert werden können, während er sich den Philippinen nähert ...

ja & nein

oó
ja

dili
nein

bitte, danke & Entschuldigung

Palíhog!
Bitte! *(als Aufforderung: „bitte geben Sie mir!")*

Ein Wort für „bitte" beim Anbieten, im Sinne unseres „bitte sehr!", gibt es nicht.

Salámat!
Danke!

Daghan salámat!
Vielen Dank!

Agi ko!
vorbeigehe ich
Entschuldigung!

Ich suche ... / Wo ist ...?

Nangíta ko ug restáwran.
GV-suchen ich ein Restaurant
Ich suche ein Restaurant.

Asa man ang restáwran?
wo ! das Restaurant
Wo ist ein Restaurant?

Restáwran können Sie auch z. B. gegen folgende Wörter auszutauschen:

doktór	Arzt
embaháda	Botschaft
barrio	Dorf
botíka	Drogerie, Apotheke
airport	Flughafen
tindáhan	Geschäft
sinehan	Kino
simbahan	Kirche
konsuláda	Konsulat
ospital	Krankenhaus
baybay	Küste
merkádo	Markt
bus-terminál	Omnibusbahnhof
pulís	Polizei
post opis	Post
munísipyo	Rathaus
dalan	Straße
táksi	Taxi
telépono	Telefon
C. R.	WC

C. R. wird wie im Englischen ausgesprochen (also wie „tzi-ar") und ist die Abkürzung von comfort room.

Haben Sie ...? / Gibt es ...?

Naá ...? / Adúna ...?
es-gibt ... / haben ...
Haben Sie ...?, Gibt es ...?

... pagkáon?
... Essen
... etwas zu essen?

... ma-inóm?
... trinkbar
... etwas zu trinken?

... usá ka kwárto?
... ein Stück Zimmer
... ein Zimmer?

Oó, naá!
ja es-gibt
Ja, gibt es!

Walá na!
nicht-gibt da
Gibt es nicht!

weitere Floskeln

Gusto ko ug usá ...
mögen ich ein eins ...
Ich möchte ein ...

Unsá man ni?
was ! das
Was ist das?

Pilá man ni?
wie-viel ! das
Wie viel kostet das?

In die Alltagssprache fließt eine Reihe von englischen Wörtern und Ausdrücken mit ein, diese sind jedoch nicht extra gekennzeichnet.

Hauptwörter

Die Hauptwörter sind im Cebuano einfach zu handhaben.

grammatisches / natürliches Geschlecht

Das Cebuano unterscheidet kein grammatisches Geschlecht. Hauptwörter, die Menschen bezeichnen, können aber das natürliche Geschlecht markieren: Weibliche Hauptwörter enden oft auf -a, männliche oft auf -o. Wörter, die sich nicht auf menschliche Wesen beziehen, haben keine bestimmte Endung.

Diese Endungen haben aber keinerlei Auswirkung auf die Grammatik.

amígo / amíga
Freund / Freundin

lolo / lola
Opa / Oma

Artikel

Cebuano hat wie das Deutsche Artikel, die vor dem Hauptwort stehen. Für Gegenstände und allgemeine Personenbezeichnungen (z. B. Berufe) lautet er beim Satzgegenstand (Subjekt) ang. Zusätzlich gibt es noch einen Extra-Artikel nur für Personennamen, nämlich si.

Anders als unser „der, die, das“ bleiben die Cebuano-Artikel gleich, da es ja kein grammatisches Geschlecht gibt. Für Personennamen benutzt man hingegen einen anderen Artikel, und dieser ist anders als im Deutschen auch obligatorisch.

ang simbahan
die Kirche

ang dentísta
der Zahnarzt

si Janet
(die) Janet

si Juán
(der) Juan

Bei einer Satzergänzung (Objekt) lautet der allgemeine Artikel ug anstatt ang. Das kann manchmal etwas verwirren, denn ug bedeutet auch „und". Wie man am Wechsel des Artikels erkennt, unterscheidet das Cebuano Fälle.

Gusto ko mopalít ug saging.
mögen ich Z-kaufen eine Banane
Ich möchte eine Banane kaufen.

Mehrzahl

Die Mehrzahl (Plural) ist recht angenehm zu erlernen: Das betreffende Hauptwort bekommt lediglich mga vorangestellt, was wörtlich übersetzt „etwa" bedeutet. Es wird wie „manga" ausgesprochen (dabei das „g" nicht gesondert aussprechen, also wie in „fa**ng**en"). In der Wort-für-Wort-Übersetzung wird mga als „Mz." abgekürzt, insofern es der Mehrzahlbildung dient.

anák	**mga anák**
Kind	*Mz. Kind*
Kind	Kinder

Verkleinerungsform

Verkleinerungsformen treten oft bei Wörtern auf, die aus dem Spanischen stammen. Dabei wird der letzte Selbstlaut des Wortes durch -ito / -ita ersetzt. Bei ursprünglich cebuanischen Wörtern kommen solche Formen nicht vor.

Dabei dient jedoch ug nur als unbestimmter Artikel („ein, einen, eine"), und zwar nur für unbelebte Dinge, während der Subjektartikel ang je nach dem Satzzusammenhang als bestimmter oder unbestimmter Artikel übersetzt werden kann. Wenn ein Objekt den direkten Artikel verlangt, gibt es verschiedene Möglichkeiten im Cebuano (darunter auch die Bildung eines Passivsatzes, bei dem das „logische" Objekt dann kurzerhand zum Subjekt „befördert" wird und so den Artikel ang erhält). Insgesamt funktioniert die Verteilung von Subjekt und Objekt im Cebuano oft ganz anders als im Deutschen. Mit diesen Besonderheiten sollten Sie sich allerdings nicht belasten.

kutsára Löffel	**kutsaríta** Löffelchen

Eine Verkleinerungsform bezeichnet oft nicht nur das „kleinere" oder „verniedlichte" Gegenstück, sondern wird auch zur Ableitung neuer Wörter gebraucht.

senyóra Frau	**senyoríta** Fräulein
libro Buch	**libríto** Heft
plato Teller	**platíto** Untersetzer
mansánas Apfel	**mansaníta** Mansanita

Mansaníta *ist eine Frucht, die wie ein winziger Apfel aussieht.*

Hauptwörter & Eigenschaftswörter

Hängt man an ein Hauptwort die Nachsilbe -on, verwandelt es sich in ein Eigenschaftswort (Adjektiv). Dabei kann die Betonungsstelle manchmal wechseln.

hangin Wind	**hangínon** windig
ulán Regen	**ulanón** regnerisch

Eigenschaftswörter

Eigenschaftswörter (Adjektive) stehen normalerweise vor dem Hauptwort, auf das sie sich beziehen. Zwischen Eigenschafts- und Hauptwort wird meist außerdem noch das verbindende Element nga gesetzt. Auch wenn es durch die Wortreihenfolge etwas verwirrend wirkt, lässt es sich am besten durch „dass" übersetzen, da es einen bezüglichen (relativen) bzw. hinweisenden Charakter hat.

mahál nga tubig
teuer dass Wasser
teures Wasser

Endet ein Eigenschaftswort auf einen Selbstlaut und folgt ihm ein Hauptwort, dann wird nga zu -ng oder sogar -g abgekürzt und wie eine Endung an das Eigenschaftswort angehängt. Der besseren Übersichtlichkeit wegen verwenden wir in diesem Kapitel Bindestriche, die sonst nicht geschrieben werden.

Maáyo-ng gabíi!
gut-dass Abend
Guten Abend!

puti-ng laláki
weiß-dass Mann
weißer Mann

buótan-g babáe
nett-dass Frau
nette Frau

Dieses Abkürzen ist aber keine Pflicht. Wir werden nga vorwiegend ausschreiben, so dass Sie die Vokabeln besser erkennen können.

wichtige Eigenschaftswörter

pangit	hässlich, schlecht	**gwapa**	schön
		maáyo	gut
dakó	groß	**gamáy**	klein
taás	hoch, lang	**lawúm**	tief
ubós	niedrig	**mabáw**	flach
dugay	lang (Zeit)	**mubó**	kurz
daghan	viel	**diyútay**	wenig
paspas	schnell	**hinay**	langsam
luya	schwach	**kusgan**	stark (Lebewesen)
		kusóg	stark (Gegenst.)
layó	weit	**piút**	eng
tambok	dick	**niwang**	dünn
bug-at	schwer (Gewicht)	**gaán**	leicht
lisód	schwierig	**sayón**	einfach
mahál	teuer	**baráto**	billig
limpyó	sauber	**hugaw**	dreckig
batán-on	jung	**tigúlang**	alt (Person)
bag-o	neu	**daan**	alt (Gegenstand)
isug	tapfer	**talawan**	feige
kumón	häufig	**talágsa-on**	selten
punó	voll	**bakánte**	leer
malipáyon	glücklich	**masulób-on**	traurig
gahi	hart	**humok**	weich
init	heiß	**bugnaw**	kalt
kugihan	fleißig	**tapulan**	faul
utókan	intelligent	**bugó**	dumm
saba	laut	**hilom**	leise
datu	reich	**pobre**	arm
tinúod, **sakto**	richtig	**sayóp**	falsch

Farben

putí	weiß
yellow	gelb
pulá	rot
blue	blau
green	grün
brown	braun
itúm	schwarz
dekolór	farbig
mabúlawanon	golden
ngitngit	dunkel
hayag	hell

Die Farben werden häufig in englischer Sprache ausgedrückt. Hier der am meisten gebräuchliche „Sprachmix“.

Chocolate Hills, Bohol

Dieses & Jenes

Für „dieses" wird kiní bzw. dessen Kurzform ni, für „jenes / das da" wird kaná oder die Kurzform na benutzt, sofern sie sich auf den Satzgegenstand (Subjekt) beziehen (also auf ein Hauptwort, das den Artikel ang erhält). Zwischen hinweisendem Fürwort und Hauptwort steht wieder das verbindende Wort nga.

Man kann beim Gebrauch der hinweisenden Fürwörter auch noch an das Hauptwort die Endung -(h)a *anhängen. Dies ist aber nicht obligatorisch, und es wird auch in diesem Buch nicht praktiziert.*

kiní nga bata
dieses dass Kind
dieses Kind

kiní nga mga bata
dieses dass Mz. Kind
diese Kinder

kaná nga bata
jenes dass Kind
jenes Kind

kaná nga mga bata
jenes dass Mz. Kind
jene Kinder

Gwápa kiní nga babae.
schön diese dass Frau
Diese Frau ist schön.

Hinweisende Fürwörter, die sich auf die Satzergänzung (Objekt) beziehen, beziehen, haben jedoch die Formen ani (dieses) und ana (jenes), wiederum verbunden mit nga.

Gusto ko ani nga pasalúbong.
mögen ich dieses dass Souvenir
Ich möchte dieses Souvenir.

Hier & Dort

Zur Ortsbestimmung werden folgende Wörter sehr häufig benutzt:

diri, dinhi	hier (nah)
dinha	da (nicht allzu weit weg)
didto	dort (sehr weit weg)

Anhi dinhi!
kommen hier
Komm her!

Adto didto!
gehen dort
Geh dorthin!

Nindot dinha.
hübsch dort
Es ist hübsch dort.

Kolonialzeitliches Fort San Pedro, Cebu City

Persönliche Fürwörter

Im Gegensatz zum Deutschen unterscheidet das Cebuano zwischen zwei verschiedenen „wir"-Formen: kitá schließt die angesprochene Person mit ein („wir" = „ich und du"; Abk. „inkl."), bei kamí ist die angesprochene Person im „wir" nicht miteingeschlossen („wir" = „ich und jemand anders"; Abk. „exkl.").

In der 3. Person Einzahl wird „er" und „sie" nicht unterschieden. Ein neutrales bzw. unpersönliches „es" gibt es generell nicht.

Eine höfliche Anrede mit „Sie" wie im Deutschen gibt es nicht. Man redet sich generell mit „du" an.

In der 1. und 2. Person Ein- und Mehrzahl gibt es jeweils lange und kurze Formen. Die langen kommen als betonte Formen sowie generell in Sätzen vom Typ „ich bin ..., du bist ..." vor (siehe S. 31). Die Kurzformen werden ans Tätigkeitswort fast wie eine Endung angehängt und stehen dann für das Subjekt des Satzes.

akó, ko	ich
ikáw, ka	du
siyá	er, sie (Ez)
kitá, ta	wir (inkl.)
kamí, mi	wir (exkl.)
kamó, mo	ihr
silá	sie (Mz)

Wenn man jemanden besonders höflich anreden möchte (vor allem ältere Personen), dann ergänzt man die Titel manang („Dame") bzw. manong („Herr") am Satzende. Gleichaltrige benutzen untereinander statt dessen day (etwa „Kumpelin") oder dong („Kumpel").

Es gibt noch eine Vielzahl von weiteren Varianten und dazu gehörigen Kurzformen der persönlichen Fürwörter, auf die Sie in den Beispielsätzen stoßen werden. Wenn Sie jedoch selbst Sätze bilden, verwenden Sie am besten die oben genannten.

Sätze ohne Tätigkeitswörter

Im Satz werden die persönlichen Fürwörter dem Tätigkeitswort nachgestellt. Diese Stellung gilt auch für Sätze, bei denen im Cebuano überhaupt kein Verb vorkommt, sondern nur ein Haupt- oder Eigenschaftswort als Satzaussage (Prädikat). In solchen Sätzen wird im Deutschen das Tätigkeitswort „sein" benötigt.

Igsoon kamí.
Geschwister wir(exkl.)
Wir sind Geschwister.

Die Formen der persönlichen Fürwörter auf die Fragen „wem?" und „wen?" sind identisch.

nako	mich / mir
nimo	dich / dir
niyá	ihn / ihm; sie (Ez) / ihr
nato	uns (inkl.)
namo	uns (exkl.)
ninyo	euch
nila	sie (Mz) / ihnen

In den im Cebuano sehr häufigen Passivsätzen ist es genau anders herum: die nebenstehenden Formen drücken dort die handelnde Person aus (das „logische Subjekt"), und die Formen von S. 30 das von der Handlung betroffene „logische Objekt" (entsprechend also dem Artikel ang*).*

Gusto nimo ang baláy?
gefallen dir das Haus
Gefällt dir / Ihnen das Haus?

Besitzanzeigende Fürwörter

Die besitzanzeigenden Fürwörter (Possessivpronomen) stehen vor dem Hauptwort, auf das sie sich beziehen (also dem „Besitz"). Dazwischen tritt wieder das Bindewort nga.

ako	mein
imo	dein
iyá	sein, ihr (Ez)
ato	unser (inkl.)
amo	unser (exkl.)
inyo	euer
ila	ihr (Mz)

Das Bindewort nga verschmilzt meistens mit dem Fürwort. So ist akong entstanden aus ako + nga, und auch für kiníng gilt Entsprechendes.

akong inahán
meine-dass Mutter
meine Mutter

Iyá kiníng camera.
sein/ihr dieser-dass Fotoapparat
Dieser Fotoapparat gehört ihm / ihr.

Dient ein Hauptwort als Besitzer einer Sache (also wie unser 2. Fall), dann folgt dieser Ausdruck dem „Besitz", und als Artikel wird nun sa (statt ang) bzw. bei Personnamen ni (statt si) verwendet.

ang Presidente sa Pilipinas
der Präsident von-die Philippinen
der Präsident der Philippinen

Steigern & Vergleichen

Eigenschaftswörter lassen sich sehr einfach vergleichen und steigern.

steigern

Für die 1. Steigerungsstufe stellt man dem Eigenschaftswort mas (mehr) voran. Für die 2. Steigerungsstufe (Superlativ) wird pinaka (meist) vor das Eigenschaftswort gesetzt.

gwapo	schön
mas gwapo	schöner
pinakagwápo	schönste/r, am schönsten

mas gwapo nga libro
mehr schön dass Buch
(ein) schöneres Buch

pinakagwápo nga libro
meist-schön dass Buch
(das) schönste Buch

vergleichen

Eine Ungleichheit wird mit kay sa (als) ausgedrückt, Gleichheit mit paréha (genauso).

Mas baráto ni kay sa ani.
mehr billig dieses als von jenes
Dieses ist billiger als jenes.

Genauer gesagt bedeutet kamahál *„Teuerkeit"*.

Paréha kiní kamahál ana.
genauso dieses teuer jenes
Dieses ist genauso teuer wie jenes.

Vergleichssätze mit einem Superlativ werden mit sa tanan formuliert, das aber auch entfallen kann:

Pinakabaráto ni sa tanan.
meist-billig dieses von alle
Dieses ist am billigsten von allen.

Tätigkeitswörter

Die Tätigkeitswörter (Verben) stehen – gefolgt von Satzgegenstand (Subjekt) und Satzergänzung (Objekt) – fast ausschließlich am Satzanfang. Eine Grundform (Infinitiv) nach dem Muster der deutschen Verben existiert nicht. Cebuanische Verben bestehen aus einem Stamm, der durch Vor-, und seltener auch durch Nachsilben ergänzt werden kann.

Der Stamm enthält die Bedeutung des Tätigkeitswortes („warten", „sehen", „schlafen" usw.), während eine Vor- oder Nachsilbe grammatische Funktionen ausdrückt, z. B. die verwendete Zeitstufe oder auch Ein- oder Mehrzahl der handelnden Personen. Die Vorsilben heißen im weiteren „Zeitsilben".

Zu einer vollständigen Satzaussage gehören:

„Zeitsilbe" – Stamm + persönliches Fürwort

Das persönliche Fürwort (zumeist in der Kurzform) kommt aber nur dann vor, wenn der Satz kein ausdrückliches Hauptwort in der entsprechenden Satzteil-Funktion enthält.

In den Wörterlisten wird immer nur der Stamm des Tätigkeitswortes aufgeführt.

Zeitsilben

Wenn in diesem Kapitel von Vergangenheit, Gegenwart und Zukunft die Rede ist, dann nur deshalb, um Ihnen den Einstieg zu den Vorsilben zu erleichtern. Anders als im Deutschen und den meisten anderen europäischen Sprachen kann man am cebuanischen Tätigkeitswort eine chronologische Zeitzuweisung nämlich nicht ablesen.

Die Vorsilben charakterisieren die Handlung in anderer Art und Weise: Sie bringen vielmehr zum Ausdruck, ob es sich um eine „tatsächliche" oder nur „mögliche" Handlung handelt, ob sie z. B. „begonnen, aber noch nicht beendet" ist, ob sie „kurz" oder „lange" andauert, ob sie „zufällig" oder „absichtlich" stattgefunden hat.

Die grammatisch korrekte Bezeichnung ist eher „Aspekt" (oder „Aktionsart").

Um Ihnen nicht den Spaß an der Sprache zu verderben, haben wir die Vorsilben in eine zeitliche Einteilung „gepresst", die der Wirklichkeit sehr nahe kommt. Aus diesem Grund nennen wir diese Vorsilben hier „Zeitsilben".

Die folgende Übersicht über die verschiedenen Zeitsilben kann man sich als Anfänger ganz gut einprägen. Auch wenn Sie damit nicht immer exakt richtig liegen, funktioniert die Tabelle erfahrungsgemäß erstaunlich gut.

Nur in diesem Kapitel sind die Zeitsilben der besseren Übersicht wegen mit Bindestrichen vom Stamm getrennt dargestellt.

	Einzahl	Mehrzahl
Vergangenheit	ni- / mi-	
Gegenwart	nag-	nang(a)-
Zukunft	mag-	mang(a)-

In der Vergangenheit wird nicht zwischen Ein- und Mehrzahl unterschieden. Ni- und mi- sind lediglich Varianten. Ob die Zeitsilben nang(a)- und mang(a)- ihr Schluss-a enthalten, hängt vom jeweiligen Verb ab.

„Einzahl" bedeutet hier, dass es nur *eine* handelnde Person gibt (ich, du, er, sie), „Mehrzahl" bedeutet, dass es *mehrere* handelnde Personen gibt (wir, ihr, sie). Welche Person genau „handelt", kann man demnach nur am persönlichen Fürwort erkennen, das dem Tätigkeitswort nachgestellt ist. Die „Mehrzahl"-Formen können allerdings auch anzeigen, dass die Handlung des Verbs aus mehreren (wiederholten) Einzelhandlungen besteht.

Sogar gewohnheitsmäßige Handlungen (im Deutschen: Gegenwart) stehen im Cebuano meist in der Zukunftsform.

Die „Zukunfts"-Form hat nur bedingt etwas mit der Zeit zu tun. Mit ihr drückt man auch „Absicht" und „Möglichkeit" aus. Letztlich steht sie für alles, was zum Zeitpunkt des Sprechens noch nicht Realität ist (oder schon Realität gewesen war). Es gibt noch eine weitere, häufig gebrauchte Zukunfts-Vorsilbe, die Ihnen öfter begegnen wird: mo-.

Daneben gibt es noch weitere, zahlreiche Vor- und Nachsilben. Aber da diese selbst von den Muttersprachlern nicht einheitlich angewandt werden und die grammatische Funktion der Tätigkeitswörter von zusätzlichen Wörtern mitbestimmt wird, wollen wir nicht weiter darauf eingehen.

Als Beispielen zeigen wir die Einzahl von „warten" in der Gegenwart. Die Gegenwarts-Zeitsilbe nag- kann wegen ihres nicht wirklich zeitbezogenen Charakters auch schon einmal Vergangenheitsbedeutung haben.

Insbesondere sparen wir uns hier die Passivbildungen (Cebuano hat gleich mehrere davon), obwohl sie in der Sprache sehr häufig und in manchen Situationen sogar zwingend erforderlich sind. Diese Formen verlangen wieder andere Vor- und Nachsilben.

Nag-hulát ko.
GV-warten ich
Ich warte. (*auch:* Ich habe gewartet.)

Genauer gesagt ist nag- *bzw.* nanga- *eine Art Verlaufsform. Der nebenstehende Satz heißt damit letztlich „Ich bin / war am Warten". Die Vorsilbe* ni- / mi- *kennzeichnet dagegen punktuell stattfindende Handlungen (und damit naturgemäß eher die Vergangenheit). Diese Unterscheidung gilt auch für die Zukunftssilben:* mag- *ist eher eine Verlaufsform,* mo- *ist eher punktuell.*

Die Zeitsilben für die „**G**egenwart" und „**V**ergangenheit" werden in der Folge mit der Abkürzung „GV" wiedergegeben, die Zeitsilbe für die „**Z**ukunft" mit „Z".

unregelmäßige Zeitsilben

Die Tabelle auf der folgenden Seite zeigt, dass es durchaus eine ganze Reihe von Ausnahmen bei den Tätigkeitswörtern gibt. Teils sind diese lautlich bedingt, teils haben sie mit der Bedeutung der Verben zu tun. Dies liegt daran, dass die Vorsilben im Cebuano eben für „Aspekte", und nicht wirklich für Zeitstufen stehen. Allerdings ist die „Zukunftszeit" immer eindeutig gekennzeichnet.

Stamm		Vergangenh.	Gegenwart	Zukunft
ligo (baden)	Ez	**na-lígo**	**na-lígo**	**ma-lígo**
	Mz	**nanga-lígo**	**nanga-lígo**	**manga-lígo**
tulog (schlafen)	Ez	**na-túlog**	**na-túlog**	**ma-túlog**
	Mz	**nanga-túlog**	**nanga-túlog**	**manga-túlog**
kaon (essen)	Ez	**ni-káon**	**nag-káon**	**mag-káon**
	Mz	**ni-káon**	**nang-áon**	**mang-áon**
palít (kaufen)	Ez	**ni-palít**	**nag-palít**	**mag-palít**
	Mz	**ni-palít**	**na-malít**	**ma-malít**
sakáy (fahren)	Ez	**ni-sakáy**	**nag-sakáy**	**mag-sakáy**
	Mz	**ni-sakáy**	**na-nakáy**	**ma-nakáy**
abang (mieten)	Ez	**nag-ábang**	**nag-ábang**	**mag-ábang**
	Mz	**nang-ábang**	**nang-ábang**	**mang-ábang**
bisíta (besuchen)	Ez	**ni-bisíta**	**nag-bisíta**	**mag-bisíta**
	Mz	**ni-bisíta**	**na-misíta**	**ma-misíta**

Zeitindikatoren

Die Zeitsilben alleine stellen keine eindeutige zeitliche Abgrenzung dar, da sie z. T. – wie auch aus der Tabelle ersichtlich – sowohl für die Gegenwart als auch für die Vergangenheit benutzt werden. Eine zeitliche Einordnung lässt sich zuverlässiger durch Zeitindikatoren, z. B. gahapon (gestern) oder karon (jetzt), treffen.

Nag-káon siya sa restáwran karón.
GV-essen er/sie in Restaurant jetzt
Er / sie isst gerade im Restaurant.

Ni-káon siya sa restáwran gahápon.
GV-essen er/sie in Restaurant gestern
Er / sie aß gestern im Restaurant.

gahápon, kagahápon	gestern
karón	jetzt, heute
unya	später (ein sehr dehnbarer Begriff!)
ugma	morgen

Nanga-lígo mi karón.
GV-baden wir(exkl.) jetzt
Wir baden jetzt.

Nang-ábang mi ug kotse karón.
GV-mieten wir(exkl.) ein Auto jetzt
Wir mieten jetzt ein Auto.

Fischerdorf in Agusan del Norte, Mindanao

Sein & Haben

Im Deutschen haben sie als Hilfsverben noch weitere Funktionen, etwa zur Bildung der zusammengesetzten Vergangenheitszeiten. So etwas existiert im Cebuano gar nicht.

Im Cebuano gibt es die Verben „sein“ und „haben“ nicht. Die Hauptbedeutungen, die diese Verben im Deutschen haben, werden auf andere Weise ausgedrückt.

sein

Diese Sätze haben kein Verb, aber doch ein Prädikat (nämlich das besagte Haupt- oder Eigenschaftswort).

Sätze, die im Deutschen „sein“ in der Satzaussage enthalten, stehen im Cebuano ganz ohne Tätigkeitswort. Das Haupt- bzw. Eigenschaftswort, das als Ergänzung der Satzaussage dient, steht am Satzanfang, darauf folgt das Subjekt des Satzes (Haupt- oder Fürwort).

Alemán ko.
Deutsche/r ich
Ich bin Deutsche/r.

Gwapa siyá.
hübsch er/sie
Er / sie ist hübsch.

haben

Naá *und* adúna *können auch mit „vorhanden sein“ oder „es gibt“ übersetzt werden. Die Endung* -y *am Fürwort gehört mit zu dieser Konstruktion.*

Die Verneinung „nicht haben“ lautet walá.

Die Tätigkeitswörter naá und adúna haben die Bedeutung „haben“ im Sinne von „besitzen“.

Adúna kamíy kotse.
haben wir(exkl.) Auto
Wir haben ein Auto.

Adúna siyáy duhá ka anák.
haben sie zwei Stück Kind
Sie hat zwei Kinder.

Modalverben

Die Modalwörter haben im Cebuano wie im Deutschen die Funktion, ein anderes Tätigkeitswort zu „modifizieren“, dabei steht das Modalwort vor dem eigentlichen Verb.

Das Tätigkeitswort erhält dabei eine der Zukunfts-Vorsilben, also mo-, mag- oder mang(a)-. Das persönliche Fürwort (oder ein Hauptwort für die handelnde Person) tritt zwischen Modalwort und eigentliches Verb.

Die Zukunftsform deshalb, weil die Handlung des eigentlichen Verbs beim Äußern eines solchen Modalausdrucks noch keine Realität ist.

pwede	können
kinahánglan	müssen
ganáhan	mögen
gusto	wollen, möchte, gefallen

Pwede ko magkáon dinhi?
können ich Z-essen hier
Kann ich hier essen?

Pwede magkáon dinhi?
können Z-essen hier
Kann man hier essen?

Bei unpersönlicher Verwendung entfällt das persönliche Fürwort.

Kinahánglan na ko molakáw.
benötigen dann ich Z-gehen
Ich muss jetzt gehen.

Bewegungsverben („gehen“, „kommen“) haben als Zukunfts-Zeitsilbe meist mo-.

Dili ko pwede motúnga ugma.
nein ich können Z-auftauchen morgen
Ich kann morgen nicht kommen.

die Vorsilben naka- und maka-

Die beiden wichtigen Vorsilben naka- und maka- werden wie Zeitsilben vor das Tätigkeitswort gestellt. Sie haben ebenfalls die Bedeutung „können". Die Form naka- wird für bereits geschehene Ereignisse verwendet, und die (Zukunfts-)Form maka- für zukünftige und gegenwärtige (!) Ereignisse. Das hat damit zu tun, dass „modale" Bedeutungsnuancen das eigentliche Verb immer gewissermaßen etwas „irreal" erscheinen lassen.

Zur Satzstellung bei Verneinung und Fragesätzen siehe das gleichnamige Kapitel.

Walá ko naka-tulóg!
nicht-gibt ich können-schlafen
Ich konnte nicht schlafen!

Maka-túlog ka dinhi?
Z-können-schlafen du hier
Kannst du hier schlafen?

Kathedrale von Dumaguete, Negros

Bindewörter

Die Bindewörter werden in der Regel wie im Deutschen verwendet. Nga (dass) wird außerdem als Verbindungselement zwischen Eigenschafts- und Hauptwörtern eingesetzt.

ug	und	**dayon**	danach
o	oder	**pagkáhuman**	nachdem
pero	aber	**nga**	dass
para	damit, um zu	**paréha**	wie (vergl.)
kay	weil	**kung**	wenn
ra	nur	**hangtud**	bis (dass ...)
sa dili pa	bevor	**nga murag**	als ob
von nein jetzt		*dass wie*	

akó ug ikáw
ich und du
ich und du

akó o siyá
ich oder er/sie
ich oder er / sie

Ingón niya nga tabúon ta niya ugma.
gesagt-werden von-ihm dass
Z-getroffen-werden wir(inkl) von-ihm morgen
Er hat gesagt, dass er uns morgen abholt.

Kung makaabót na ko sa Germany ...
wenn Z-ankommen dann ich in Deutschland
Wenn ich wieder in Deutschland bin, ...

... magpadalá ko ug litráto.
... Z-schicken ich ein Foto
... werde ich ein Foto schicken.

Verhältniswörter

Diese Beugungsform steht für einen grammatischen Fall, dessen Funktion man aber aus der Perspektive des Deutschen nur schlecht erfassen kann. Sa ist auch eine der Möglichkeiten, um die Satzergänzung (Objekt) mit bestimmtem Artikel (also im Gegensatz zum „unbestimmten" ug) auszudrücken.

Die Verhältniswörter werden in der Regel wie im Deutschen verwendet. Sa entspricht von der Bedeutung her einem Verhältniswort, ist allerdings hinsichtlich seiner systematischen Stellung in der Cebuano-Grammatik eine Beugungsform des allgemeinen Artikels ang. Für sich alleine stehend ist sa ein sehr flexibler und unspezifischer Ausdruck für Ortsangaben. Eine genauere Ortsangabe wird erreicht, wenn ihm ein konkreteres Verhältniswort an die Seite gestellt wird.

sa	in, an, nach, von, bei
sa ibábaw (sa) *in Oberseite (von)*	auf
sa gawás (sa) *in Außenseite (von)*	außerhalb, aus ... heraus
duól sa *nahe von*	bei, nahe
hangtud (sa)	bis (zeitl.)
paingón (sa)	bis nach (örtl.)
sa sulód (sa) *in Innenseite (von)*	in(nerhalb)
walá	ohne
sukád (sa)	seit (zeitl.)
tungód sa	wegen
gikan (sa)	von (zeitl. / örtl.)

Gusto mi mopaingón sa Cagayan.
mögen wir(exkl.) Z-fahren in Cagayan
Wir wollen nach Cagayan fahren.

Nagpuyó ko sa Frankfurt.
GV-wohnen ich in Frankfurt
Ich wohne in Frankfurt.

tungód sa ulán / sa init
wegen von Regen / von Hitze
wegen des Regens / der Hitze

Unsa ang sulód sa imong maléta?
was der Inhalt von dein-dass Koffer
Was haben Sie in Ihrem Koffer?

In diesem Satz dient sulód *„das Innere" als Subjekt, daher der Artikel* ang. *– Die konkretere Ortsangabe (hier:* duól*) und* sa *können auch getrennt voneinander stehen.*

Duól ang among hotél sa pier.
nahe das unser(exkl.)-dass Hotel von Hafen
Unser Hotel liegt nahe beim Hafen.

Abre ang supermárket gikan sa buntag paingón sa gabíi.
offen der Supermarkt von in Morgen bis in Abend
Der Supermarkt hat von morgens bis abends geöffnet.

Tropisches Gartenlokal

Fragen

Wie im Deutschen unterscheidet auch das Cebuano zwischen Entscheidungs- und Ergänzungsfragen.

Entscheidungsfragen

Entscheidungsfragen sind Fragen, auf die man nur mit „ja“ oder „nein“ antworten kann. Die Satzstellung ist die gleiche wie im normalen Aussagesatz, außer, dass der Satz mit fragendem (steigendem) Tonfall ausgesprochen wird. Vergleichen Sie:

Gigútom siya.	**Gigútom siya?**
hungrig er/sie	*hungrig er/sie*
Er / sie ist hungrig.	Ist er / sie hungrig?

Zur Betonung der Frage kann hinter dem hervorzuhebenden Satzteil die Fragepartikel ba stehen. Ba wird immer dann zu bay, wenn ihm ein Hauptwort ohne Artikel unmittelbar nachfolgt. Dies ist in der Regel bei den Verben adúna und naá („Gibt es ...?“) der Fall. Übersetzbar ist die Partikel ba bzw. bay nicht, daher wird sie in der Wort-für-Wort-Übersetzung durch ein Fragezeichen wiedergegeben.

In bestimmten Konstruktionen steht bay *auch, wenn ihm eine Verbform folgt.*

Adúna bay kan-anán dinhi?
haben ? das Restaurant hier
Gibt es hier ein Restaurant?

Ergänzungsfragen

Ergänzungsfragen werden mit Fragewörtern formuliert und werden mit einem vollständigen Satz (bzw. Satzteil) beantwortet.

Die Fragewörter stehen am Satzanfang, und die Kurzformen der persönlichen Fürwörter folgen ihnen oftmals (und nicht dem Tätigkeitswort).

kinsa?	wer?
unsa?	was?
asa?, hain?, diín?	wo?
kanús-a?	wann?
nganong?	warum?
giúnsa?, unsáon?	wie?,
tagpíla?	wie viel?

Hain ka nagpuyó?
wo du GV-wohnen
Wo wohnst du?

Unsay ngalan nimo?
was Name dein
Wie heißt du?

Auch im Satz rechts finden wir (am Wort unsa*) wieder die Endung* -y*, wie sie auch in* bay *vorkommt. Der Grund dafür ist, dass das folgende Nomen* ngalan *ohne Artikel steht.* Kinsa *im Satz danach hat hingegen kein* -y*, weil ihm ein Nomen mit dem Artikel* ang *folgt.*

Kinsa ang kaúban nimo?
wer der Begleiter dein
Wer begleitet dich?

Kanús-a ta moádto sa baybayon?
wann wir(inkl.) Z-gehen in Strand
Wann gehen wir zum Strand?

Nganong masulób-on ka man?
warum traurig du !
Warum bist du denn traurig?

Darüber hinaus kann auch hier die Fragepartikel ba bzw. bay hinter den Satzteil der Frage, der in der Frage besonders betont werden soll, gestellt werden.

Kinsa ka ba?
wer du ?
Wer bist du?

Hain bay kan-anán dinhi?
wo ? Restaurant hier
Wo gibt es hier ein Restaurant?

Verneinung

Man will den Fragenden auf keinen Fall durch ein dili (nein) verletzen, und deswegen hört man es nur selten. Messen Sie daher dem oó und dem sigúro nicht allzu viel Bedeutung bei!

Das Verneinen auf den Philippinen ist so eine Sache. Die Antwort oó (ja) ist eher einem „vielleicht" unserer Breitengrade gleichzusetzen. Die Antwort sigúro (auf Spanisch „sicher") bedeutet allenfalls „vielleicht", oft aber auch „eher nicht"!

Ein verneinter Satz wird in der Zukunftszeit mit dili und in Gegenwart und Vergangenheit mit walá eingeleitet. Dili verneint auch Satzaussagen, die nur aus Haupt- oder Eigenschaftswort bestehen, während walá letztlich „es gibt nicht" bedeutet und daher auch als Verneinung von „haben" dient.

d. h. Sätze vom Typ „X ist nicht / ist kein dies-und-das"

In verneinten Sätzen stehen die Kurzformen der Fürwörter zwischen dem Verneinungswort und dem Tätigkeitswort. Hauptwörter in der Funktion des Subjekts stehen aber auch hier nach dem Verb.

Dili nako gusto palitón na.
nein von-mir mögen Z-gekauft-werden dann
Ich möchte es nicht kaufen.

Di ko gusto ana. *(umgangssprachlich)*
nein ich mögen jenes
Es gefällt mir nicht.

Dili *kann umgangssprachlich zu* di *abgekürzt werden.*

Dili motawag si Carlos sa iyang amigo.
nein Z-rufen der Carlos bei sein-dass Freund
Carlos wird seinen Freund nicht anrufen.

Walá sa akó.
nicht-gibt bei ich
Ich habe es nicht.

Walá koy oras / kwarta.
nicht-gibt ich Zeit / Geld
Ich habe keine Zeit / Geld.

Auch walá *hat oft die Wirkung, dass in seiner Nachbarschaft die Endung* -y *auftaucht, wenn ein Nomen ohne Artikel folgt.*

Walá pa ko nikaon.
nicht-gibt jetzt ich GV-essen
Ich habe noch nicht gegessen.

Walá pa.
nicht-gibt jetzt
Noch nicht.

Walá gayúd.
nicht-gibt wirklich
Niemals.

Wundern Sie sich nicht, wenn das Verb in verneinten Sätzen mit walá auch mal in der Zukunftsform steht. Auch dies ist korrektes Cebuano; die Bedeutung des Gesamtsatzes bleibt dennoch Vergangenheit / Gegenwart.

Dies liegt daran, dass die „Zukunfts"-Vorsilbe eigentlich „irreal" bedeutet, und Handlungen, die gar nicht stattfinden, sind auf jeden Fall irreal! Sie sollten aber am besten bei der für uns logischeren Variante bleiben.

Auffordern & Befehlen

Dies ist ein Bereich, der etwas Fingerspitzengefühl erfordert. Eine Bitte oder ein Befehl wird selten abgeschlagen, aber auch nicht immer ausgeführt, besonders wenn man als Antwort unya (später) oder dergleichen erhält. Wenn Sie sich auf Geschäftsreise befinden, müssen Sie viel Ausdauer und Höflichkeit an den Tag legen, um etwas zu erreichen. Häufiges Nachfragen, ob etwas schon fertig ist, ist lästig, aber zumeist notwendig.

Human na?
fertig dann
Sind Sie schon fertig damit?

Vor allem bei heiklen Wünschen wird die Bitte indirekt und so vorsichtig wie möglich ausgedrückt, um das Gesicht des hierarchisch Höherstehenden zu wahren.

Generell werden die Hierarchien noch stärker beachtet als bei uns, direkte Befehle werden also nur von alt nach jung, von Vorgesetztem nach Untergebenem ausgesprochen. Sollte ein Befehl entgegen dieser Hierarchie notwendig sein, dann wird es mehr beiläufig erwähnt, z. B. in der Form „Zu schade, dass unser Krankenhaus keine Pflaster mehr hat!“

Für solche indirekten „Befehle“ wird das Verb immer in der Zukunftszeit benutzt.

Nagkinahánglan ko ug tawo nga modalá sa akong bag.
GV-benötigen ich ein Mensch dass Z-tragen nach mein-dass Tasche
Ich brauche jemanden, der meine Tasche trägt.

Natürlich gibt es auch die direkte Aufforderung. Bei Verben mit aktiver Bedeutung besteht sie aus dem bloßen Stamm. Bei den verschiedenen Passivformen kommen noch voran- oder nachgestelltes i- / -i hinzu.

Alternativ können aktive Verben aber auch noch die Vorsilbe pag- *erhalten:* Paglingkod!

Lingkod!
sitz
Setzt euch / Setz dich! / Setzen Sie sich!

Palíhog kuhai ko ug taksi.
bitte geholt-werde ich ein Taxi
Bitte rufen Sie mir ein Taxi.

Itúdlo nako palíhog ...
gezeigt-werde mir bitte ...
Bitte zeigen Sie mir ...

Palíhog tabangi ko!
bitte geholfen-werde ich
Bitte helfen Sie mir!

Verneinte Befehlsformen drücken Verbote aus. Hierzu benutzt man das spezielle Verneinungswort ay(áw) *(gefolgt eventuell vom Fürwort), danach folgt das Bindewort* ug, *und schließlich das Verb, z. B.*
Ay ka ug kaon.
„tu-nicht du dass essen“.
Iss nicht!

Auch mit der Vorsilbe pa- kann man eine Aufforderung ausdrücken. In der Wort-für-Wort-Übersetzung wird pa- durch „lass“ wiedergegeben. Pa- wird meistens auch dann benutzt, wenn man jemanden um Erlaubnis fragt.

Die dahinterstehende Konstruktion ist „jemanden etwas tun lassen“.

Wenn in den kleinen Sari Sari Stores (Eckläden) kein Verkäufer zu sehen ist, ruft man:

Papalíta ta.
lass-kaufen wir(inkl.)
Ich möchte etwas kaufen.

Auch dies ist wieder ein Passiv. In der Wort-für-Wort-Zeile haben wir dies nicht berücksichtigt, da es sonst unverständlich würde.

Zahlen & Zählen

Im Gebrauch der Zahlen werden cebuanische, spanische und englische Zahlwörter wild durcheinander geworfen. Wann welche Zahlen benutzt werden, hängt primär vom Bildungsgrad und der geographischen und sozialen Herkunft des Sprechers ab.

Als Reisender können Sie getrost nur die englischen Zahlen benutzen. Aber es ist natürlich sehr nützlich, alle Zahlen verstehen zu können.

Es gibt trotz allem doch ein paar Faustregeln, wann man welche Zahlen bevorzugt. Für Geld werden meistens die spanischen Zahlen benutzt. Für kleinere Mengen sowie „lebende" Objekte (z. B. Hühner, Kühe) greift man auf Cebuano zurück, während größere Mengen und vor allem „unrunde" Werte (z. B. 97, 162, 453; die Jahreszahlen) fast nur in Englisch ausgedrückt werden. Cebuano-Zahlen über 10 werden Sie – mit Ausnahme der 100 – allerdings fast nie zu Gehör bekommen.

0	**walá**	5	**limá**
1	**usá**	6	**unóm**
2	**duhá**	7	**pitó**
3	**tuló**	8	**waló**
4	**upát**	9	**siyám**

Die Zahlen ab 11 werden im Cebuano regelmäßig zusammengesetzt, indem die Einerzahl der Zehnerzahl folgt. Ein -'g (von ug „und") wird als „Bindeelement" dazwischengesetzt. Endet die Zehnerzahl auf -n, entfällt dieses -n in der Zusammensetzung.

10	**napúlo**	20	**kawhaán**
11	**napúlo'g usá**	21	**kawhaá'g usá**
12	**napúlo'g duhá**	22	**kawhaá'g duhá**
13	**napúlo'g tuló**	30	**katloán**
14	**napúlo'g upát**	40	**kap'atán**
15	**napúlo'g limá**	50	**kalim'án**
16	**napúlo'g unóm**	60	**kan'umán**
17	**napúlo'g pitó**	70	**kapitoán**
18	**napúlo'g waló**	80	**kawaloán**
19	**napúlo'g siyám**	90	**kasiyamán**

100	**usá ka gatús** *ein Stück hundert*
101	**usá ka gatús ug usá** *ein Stück hundert und ein*
200	**duhá ka gatús** *zwei Stück hundert*
1000	**usá ka libo** *ein Stück tausend*

zählen

Wenn man Dinge oder Personen zählt, steht zwischen der Zahl und dem gezählten Objekt das Wörtchen ka (Stück), und zwar auch, wenn es sich dabei um ein Lebewesen handelt. Dabei steht das Hauptwort immer in der Einzahl, weil die Mehrzahl bereits durch das Zahlwort ausgedrückt wird.

usá ka bata *ein Stück Kind* ein Kind	**duhá ka bata** *zwei Stück Kind* zwei Kinder

Gusto ko ug duhá ka mangga.
mögen ich ein zwei Stück Mango
Ich hätte gern zwei Mangos.

Vor allem, wenn die Zahlen komplexer werden, wird das gezählte Objekt gar nicht ausdrücklich benannt:

trese ka buók
dreizehn Stück Teile
dreizehn Teile

Alter

Pila man ang imong edád?
wie-viel ! das dein-dass Alter
Wie alt bist du / sind Sie?

Treynta y singko ang akong edád.
dreißig und fünf das mein-dass Alter
Ich bin 35 Jahre alt.

Ordnungszahlen

Die Ordnungszahlen ab „zweitens" werden mit der Vorsilbe ika- + Zahlwort gebildet, „erstens" ist unregelmäßig.

una	erster
ikaduhá	zweiter
ikatuló	dritter
ikaupát	vierter
ikalimá	fünfter

Bruchzahlen

tungá	halb
tuló ka tungá *drei Stück halb*	drittel
upát ka tungá *vier Stück halb*	viertel

einmal, zweimal ...

Alle Zusammensetzungen mit „-mal" werden durch die Vorsilbe ka- + Zahlwort gebildet.

kausá	*Stück-eins*	einmal
kaduhá	*Stück-zwei*	zweimal
katuló	*Stück-drei*	dreimal

Chinesischer Tempel, Cebu City

Uhr- & Tageszeit

Wenn Sie in einem vollgequetschten Jeepney sitzen, nutzen Sie die Gelegenheit, und schauen Sie den Leuten mal auf die Armbanduhren: Sie werden Unterschiede von bis zu 30 Minuten beobachten können!

Wenn Sie – frisch aus Europa angekommen – aus dem Flugzeug steigen, sollten Sie Ihre Uhr um sechs Stunden *und fünfzehn Minuten* vorstellen. Sie finden die 15 Minuten merkwürdig? Abgesehen von der offiziellen Zeit auf dem Flughafen, gehen die Uhren auf den Philippinen im Alltagsleben durchschnittlich ca. 15 Minuten vor. Man möchte ja nicht zu spät zu Verabredungen kommen ...

Anfangs ist man noch versucht, seine supergenaue Uhr so zu lassen, wie sie offiziell sein sollte, aber nachdem man ein paar Busse oder Schiffe vor der Nase wegfahren sah, beginnt man so langsam, den Minuten-Zeiger vorzustellen. Vergessen Sie den Minutenzeiger am besten ganz! Auch Radio und Fernsehen bieten keine Hilfe in puncto Uhrzeit.

Uhrzeit

Die Uhrzeit wird grundsätzlich auf Spanisch oder Englisch angegeben. Hier das Nötigste:

Unsa na ang oras?
was dann die Stunde
Wie spät ist es?

Ala una.
Uhr ein
(Es ist) ein Uhr.

Alás dos / tres.
Uhr zwei / drei
(Es ist) zwei / drei Uhr.

Kanús-a?	**Sa alá una.**	**Sa alás dos.**
wann	*in Uhr eins*	*in Uhr zwei*
Wann?	Um ein Uhr.	Um zwei Uhr.

Tageszeit & Zeitangaben

Vorsicht mit der Bewertung von Ausdrücken wie unya (später) oder ugma (morgen)! Sollten Sie solche Ausdrücke als Antworten auf Ihre Frage Kanús-a? (Wann?) erhalten, so müssen Sie diese stark relativieren. Sie können nämlich auch „nächste Woche", „nächsten Monat", „nächstes Jahr" oder „niemals" bedeuten. Je nach Gesprächspartner können diese Ausdrücke zwar auch ernst genommen werden, aber gehen Sie mal eher nicht davon aus.

karóng adláwa *jetzt-dass Tag*	heute
kadláwon, **kabuntágon**, **banagbánag**	Morgendämmerung
buntag	Morgen
ting paniúdto *Zeit Mittagessen*	Mittagessenszeit
hapon	Nachmittag
kilumkílom	Abenddämmerung
kagabhión	Abend
tungáng gabíi *halb-dass Nacht*	Mitternacht
ugma	morgen
kagahápon	gestern
karóng gabíi	heute Nacht

jetzt-dass Nacht	
ugma sa buntag	morgen früh
morgen in Morgen	
gahápon sa udto	gestern Mittag
gestern in Mittag	
kagabíi	letzte Nacht
tibuuk adlaw	den ganzen Tag
ganz Tag	
tunga sa adlaw	den halben Tag
halb von Tag	
adlaw-adlaw	täglich
Tag-Tag	
sunod ugma	übermorgen
nächster morgen	
niádtong usang adlaw	vorgestern
GV-gehen-dass ein-dass Tag	
puhón	eines Tages
sa sunód adlaw	am folgenden Tag
in nächster Tag	
kaháyag sa adlaw	Tageslicht
Helligkeit von Tag	
sa adlaw	am Tage
in Tag	
sayó sa gabíi	früh am Abend
früh in Abend	
pagsálup sa adlaw	Sonnenuntergang
Untergang von Tag	

Moabót ang adlaw ...
Z-kommen der Tag ...
Der Tag wird kommen ...

adlaw	Tag
semána	Woche
buwan	Monat
tuig	Jahr

Niádtong usá ka semána
GV-gehen-dass ein Stück Woche
vor einer Woche

sa duhá ka adlaw
in zwei Stück Tag
in zwei Tagen

duhá ka oras ka taás
zwei Stück Stunde Stück lang
zwei Stunden lang

Monate

Enéro	Januar
Pebréro	Februar
Marso	März
Abríl	April
Mayo	Mai
Hunyo	Juni
Hulyo	Juli
Agósto	August
Setyémbre	September
Oktúbre	Oktober
Nobyémbre	November
Disyémbre	Dezember

Wochentage

Lunes	Montag
Martes	Dienstag
Miyérkoles	Mittwoch
Huwébes	Donnerstag
Biyérnes	Freitag
Sabado	Samstag
Domínggo	Sonntag

Datum

Für Zahlen, die ein Datum bezeichnen, wird meistens eine spanische Grundzahl benutzt.

Domíngo karón, Enéro uno / dos two thousand twelve.
Sonntag heute Januar eins / zwei 2012
Heute ist Sonntag, der 1. / 2. Januar 2012.

Molárga ko sa Abríl kwatro.
Z-verlassen ich in April vier
Ich reise am 4. April ab.

Das Friedensdenkmal von Mindanao, Davao City

Maße, Mengen & Gewichte

Glücklicherweise wird auf den Philippinen fast nur das metrische System benutzt. Daher kann man sich auf die folgenden, sehr einfachen spanischen Vokabeln konzentrieren.

centimétro	Zentimeter
metro	Meter
yarda	Yard (= 0,914 m)
kilométro	Kilometer
litro	Liter
gramo	Gramm
librá	Pfund (= 454 Gramm!)
kilo	Kilogramm

Die Bezeichnung librá *(amerikanisches Pfund) wird nur für das Wiegen von Menschen (nicht einmal für Tiere) benutzt!*

Usá ka kilo nga mangga, palíhog.
ein Stück Kilo dass Mango bitte
Ein Kilo Mangos, bitte.

Tungá sa kilo nga patátas, palíhog.
halb von Kilo dass Kartoffel bitte
Ein halbes Kilo Kartoffeln, bitte.

unbestimmte Mengenangaben

usá ka kumkum	*ein Stück Handvoll*	eine Handvoll
usá ka doséna	*ein Stück Dutzend*	ein Dutzend
usá ka buók	*ein Stück Teil*	ein Stück
usá ka order	*ein Stück Portion*	eine Portion
gamáy lang	*wenig nur*	ein bisschen
daghan – gamáy		viel – wenig

Ein Festtag für die lieben Kleinen

Nachdem man nun schon halb um den Globus geflogen ist, mag der ein oder andere Besucher nun eine „richtig“ fremdartige Kultur erwarten. Aber wenn man dann das Flugzeug verlässt und endlich „echte“ Filipinos trifft, dann verhalten die sich gar nicht so exotisch wie auf den Fotos, die man noch von den Reisebroschüren im Kopf hat. Nun, das 21. Jahrhundert hat – wenn auch vielleicht nach mehr Hürden – in den Philippinen angefangen, Kabelfernsehen, Smartphones und vor allem Facebook haben jenseits aller Datenschutzbedenken rasant Einzug gehalten und beeinflussen vor allem in den Metropolen das Erscheinungsbild mächtig.

Die Mode wird von MTV & Co. diktiert, es gibt also nicht viel, was man falsch machen könnte. Oder doch? Nun, bei genauerem Hinsehen erkennt man, dass viel lange Hosen und generell sehr gepflegte Kleidung getragen wird. Kurze Hosen und Sandalen sind mittlerweile meistens okay, aber in eine Behörde sollte man sich so nicht wagen. Die Damen sollten auf jeden Fall einen BH tragen, da ihnen sonst ein sehr negatives Image angelastet wird.

Bei der Bademode gibt es ganz lustige Widersprüche: In den Großstädten regieren Bikini und knappe Badehose, während

Bademode auf dem Land gerade die Frauen in voller Kleidung baden gehen. Verhält man sich beiderorts umgekehrt, kann man auf Belustigung oder gar Verachtung stoßen, wenigstens zieht man *alle* Aufmerksamkeit auf sich. Also: Wenn man in ländlicher Region baden geht, sollte man sich wenigstens auf dem Weg zum Wasser ein Badetuch umwickeln. Ein T-Shirt zum Schnorcheln ist – schon allein um dem Sonnenbrand zu entkommen – Gold wert. In Gegenden, in denen es viele Touristen gibt, ist eh schon alles zu spät ...

muslimische Gebiete In rein muslimischen Gebieten sollte man sich generell bedeckter geben und auch aufpassen, dass man im Fastenmonat nichts am Tage isst, zumindest nicht öffentlich.

Benehmen Zum Verhalten gibt es nichts Kompliziertes zu erklären. Man ist freundlich zueinander, selbst wenn man jemanden nicht leiden kann. Hier ist ein ziemlicher Gemütsunterschied zu unserer Kultur zu beobachten: Es wird nicht genörgelt, was bei uns oft undenkbar wäre. Statt dessen wird freundlich lächelnd ertragen. Aber wehe dem, wenn nicht mehr! Dann kann es recht dramatisch werden. Letzteres ist zwar recht selten, halten Sie sich aber sicherheitshalber von Betrunkenen fern.

Gesten & Handzeichen

Die Gesten sind häufig ganz anders als in Europa. Aber man gewöhnt sich daran, und sie machen auch viel Spaß in der Anwendung.

Winken

Die Finger sind beim Winken nach unten gerichtet, und der Handrücken zeigt nach oben (also andersherum als bei uns), wenn man jemanden herbeiwinken will. Hält man den Arm dabei nach oben, wird der nächste Bus stehenbleiben, da es ja keine sichtbaren Haltestellen außerhalb der Busterminals gibt.

Deuten

Es wirkt wie eine Anschuldigung, wenn man auf jemanden mit dem Finger zeigt. Daher benutzt man den gespitzten Mund und einem vielsagenden Blick. Auf leblose Dinge kann man dagegen mit dem Finger zeigen.

Zischen

Ein „Psst-Psst" kann man benutzen, um die Aufmerksamkeit einer Person auf sich zu lenken, oder auch schon mal, um einen Bus anzuhalten, in dem man fährt. Hier wird allerdings auch gerne mit der Faust oder einer Münze an die Decke geklopft.

Mundklacken

Hinter diesem frisch von uns geschaffenen Fachbegriff verbirgt sich ein vierfaches Klackgeräusch, das Filipinos mit dem Mund erzeugen, wenn sie ihr Mitgefühl über ein unglückliches Ereignis ausdrücken.

Rechtecke zeichnen

Wenn Sie im Restaurant die Rechnung haben wollen, können Sie entweder ein Rechteck in die Luft zeichnen oder mit beiden Händen jeweils ein „L" aus Zeigefinger und Daumen bilden und beide Hände so aneinanderhalten, dass es wie ein Rechteck aussieht. Ist das verständlich ausgedrückt? Nein? Dann bleiben Sie einfach so lange sitzen, bis der Nachbartisch zahlt, und schauen Sie genau zu ...

Namen & Anrede

Es gibt wie im Deutschen einen (eventuell zwei) Vor- und einen Nachnamen. Wie bei uns erhalten die Kinder den Nachnamen des Vaters, davor steht aber auch der Mädchenname der Mutter (meist nur als Initial). Das sieht dann folgendermaßen aus: Mary Janet M. Arnado.

Im täglichen Gebrauch unter Freunden werden aus solchen Namen stets Abkürzungen produziert, indem man eine Silbe aus dem Vornamen herausgreift, für unser Beispiel also Jan oder Net.

Anrede

Titel und Anredeformen haben große Bedeutung. Für ältere Respektpersonen und Kunden in Geschäften wird für Frauen Maam oder manang und für Männer Sir (engl.) oder manong benutzt. Unter Gleichaltrigen wird day (etwa: Kumpelin) für Frauen und dong (etwa: Kumpel) für Männer benutzt.

Diese Titel werden oft auch als Platzhalter für den Namen verwendet und sind durchaus ganz praktisch, besonders wenn man einen Namen vergessen hat.

Als Tourist wird man fast ausnahmlos als Maam oder Sir angesprochen, aber sobald man ein paar gleichaltrige Freunde gemacht hat, hört man dann day oder dong, wodurch man sich auf einmal näher und integrierter fühlt.

Ausländer werden oft pauschal für Amerikaner gehalten, und man hört Zurufe wie (Ameri-)Kano oder Joe. Das kann in manchen Gegenden (z.B. Hafengegenden) sehr häufig passieren. Kontern Sie, indem Sie pinoy (Filipino) oder etwas anderes Lustiges zurückrufen.

Begrüßen & Verabschieden

Es gibt nur wenige Begrüßungsfloskeln. Zum gesprächseinleitenden Grüßen ist das englische **hello!** oder **hi!** sehr gebräuchlich. Hier ein „englisch-freier“ Standarddialog. Zwischen vertraulicher und höflicher Anrede wird nicht unterschieden.

Mit einem Smartphone können Sie sich die mit einem gekennzeichneten Sätze dieses Kapitels anhören. Scannen Sie einfach den QR-Code mit Hilfe einer kostenlosen App (z. B. „Barcoo" oder „Scanlife").

Maáyong buntag!	Guten Morgen!
Maáyong udto!	Guten Mittag!
Maáyong hapon!	Guten Nachmittag!
Maáyong gabíi!	Guten Abend / Nacht!

Kumústa ka?
wie-gehts du
Wie geht's dir?

Maáyo man, ug ikaw?
gut ! und du
Gut, und dir?

Sakto-sákto.
exakt-exakt
So lala.

Maáyo sab, salámat!
gut auch danke
Auch gut, danke!

Als Begrüßungen sind auch folgende Fragen zu verstehen, die man gerade als Fremder oft hört, z. B. um in ein Gespräch verwickelt zu werden.

Asa ka moádto?
wo du Z-gehen
Wohin gehst du?

Moádto ko sa amígo.
Z-gehen ich bei Freund
Ich gehe zu einem Freund.

Lakaw-lákaw lang.
gehen-gehen bloß
Ich gehe nur spazieren.

Ein lang hört man sehr oft als Abschluss von philippinischen Sätzen. Es bedeutet „nur" oder ist mit dem abschwächenden „halt" vergleichbar und lässt den betreffenden Satz sanfter und nicht so bestimmend klingen.

Auch diese Frage (mit passender Antwort) ist als Begrüßung zu verstehen.

Diín ka gikan?
woher du von-her
Woher kommst du? / Wo warst du?

Gikan ako sa merkádo.
von-her ich in Markt
Ich komme vom Markt.

Falls Sie die fragende Person noch nie gesehen haben, wird wohl eher Ihr Herkunftsland als Antwort erwartet. Setzen Sie dann beispielsweise Germany statt merkádo ein.

Mit folgenden Floskeln verabschiedet man sich:

Babay!	Tschüss!
Hangtud unya!	Bis später!
Ayo-ayo! *gut-gut*	Pass auf dich auf!

Bitten, Danken, Sich entschuldigen

Um jemanden aufzufordern, etwas zu tun, verwendet man palíhog:

bitten

Palíhog!
Bitte! *(Aufforderung)*

Palíhog ablíhi ang portahán.
bitte geöffnet-werde die Tür
Bitte öffnen Sie die Tür.

Eine Bitte kann auch indirekt gestellt werden.

Mahímo bang mangutána?
möglich ?-dass Z-fragen
Darf ich eine Frage stellen?

Mahímo bang modayón?
möglich ?-dass Z-eintreten
Kann ich hereinkommen?

Ein „Bitte sehr!" als Angebot existiert im Cebuano nicht. Man hört vielleicht ein trockenes englisches **here**, aber nicht mehr.

A nía pay tsa!
hier-ist noch Tee
Bitte nehmen Sie doch noch etwas Tee!

danken

Achten Sie auch ein bisschen auf die Mimik der Person, die sich bedankt. Denn es wird auch „danke" gesagt, wenn die Bezahlung zu niedrig war!

Salámat.
Danke.

Daghan salámat!
Vielen Dank!

Die Antwort auf „danke" lautet:

Waláy sapayán.
nicht-gibt Ursache
Keine Ursache.

sich entschuldigen

Tabí!
Entschuldigung
Entschuldigung!

Wenn man jemanden aus Versehen anstößt oder auf den Fuß tritt, sagt man „Vergib mir!". Auch wenn man an jemandem vorbeigehen muss, „entschuldigt" man sich:

Pasaylóa ko.
lass-vergeben-werde ich
Vergib mir!

Paagía ko.
lass-vorbeigelassen ich
Kann ich mal vorbei?

Wenn einem etwas Leid tut, kann man sagen:

Gikasúbo ko.
GV-betrübt-werden ich
Tut mir Leid.

Nagbasol ko.
GV-bedauern ich
Das bedauere ich.

Die Antwort auf eine Entschuldigung lautet:

Waláy probléma.
nicht-gibt Problem
Kein Problem.

Das erste Gespräch

Wann immer Sie etwas unschlüssig herumstehen, werden Sie sicher angesprochen werden. Diese Gespräche sind standardisiert, bieten aber durch den hohen Wiederholungsgrad eine gute Gelegenheit, in entspannter Atmosphäre ein bisschen Cebuano zu üben.

Die Fragen gelten selbstverständlich auch für die höfliche Anrede, da hier kein Unterschied gemacht wird. Der Einfachheit halber übersetzen wir nur die vertrauliche Anrede.

Asa man ka gikan?
wo ! du von-her
Woher kommst du?

Taga Germany / Austria / Switzerland.
wohnhaft Deutschland / Österreich / Schweiz
Aus Deutschland / Österreich / der Schweiz.

Alemán ko.
Deutsch ich
Ich bin Deutsche/r.

Unsay imong ngalan?
was dein-dass Name
Wie heißt du?

Ako si Volker, ikáw?
ich der Volker du
Ich heiße Volker, und du?

Ipailaíla ko ikáw kang Irmi.
lass-vorstellen von-mir du zu-die Irmi
Ich möchte dir Irmi vorstellen.

Mit einem Smartphone können Sie sich die mit einem gekennzeichneten Sätze dieses Kapitels anhören.

Kini ang akong amígo, si Georg.
dies der mein-dass Freund der Georg
Dies ist mein Freund Georg.

Gikalípay ko nga nailaíla ko ikáw.
GV-erfreut-werden ich dass GV-kennenlernen von-mir du
Es freut mich, dich kennenzulernen.

Kabaló ka mosúlti ug Cebuano?
wissen du Z-sprechen das Cebuano
Sprichst du Cebuano?

Gamay lang.
wenig bloß
Nur ein bisschen.

Pila ang imong edád?
wie-viel das dein-dass Alter
Wie alt bist du?

Beyntitres ang akong edád.
dreiundzwanzig das mein-dass Alter
Ich bin 23 Jahre alt.

Frauen, die alleine reisen, sollten auf diese Frage am besten mit oó *(ja) antworten.*

Minyo ka na?
verheiratet du dann
Bist du verheiratet?

Oó, minyo na ko.
ja verheiratet dann ich
Ja, ich bin verheiratet.

Asa man imong bana / asáwa ?
wo ! dein-dass Ehemann / Ehefrau
Wo ist dein Mann / Frau?

Dili pa ko minyo.
nein noch ich verheiratet
Ich bin noch nicht verheiratet.

Pamínaw kamong tanán.
hören ihr-dass alle
Hui, alle herhören!

Dili pa siya minyo!
nein noch er/sie verheiratet
Er / sie ist noch zu haben!

Unsa ka kadúgay mo-istár sa Pilipínas?
was du lange-Zeit Z-bleiben in Philippinen
Wie lange bleibst du noch auf den Philippinen?

Ganáhan ka dinhi?
Z-Lust-haben du hier
Gefällt es dir hier?

Oó, ganáhan kaáyo ko dinhi.
ja Z-Lust-haben sehr ich hier
Ja, es gefällt mir hier sehr gut.

Nindot kaáyo ang Pilipínas.
schön sehr die Philippinen
Die Philippinen sind sehr schön.

Floskeln & Redewendungen

Hier finden Sie ein paar sehr gebräuchliche Phrasen, mit denen man Einheimische gut verblüffen kann, da gerade solche Ausdrücke nur eher sprachlich Fortgeschritteneren zugetraut werden.

Redewendungen

Hinay hinay basta kanúnay.
langsam langsam solange immer
Langsam, aber sicher.

utang nga kabubút-on
Schuld dass Dankbarkeit
Schuld aus Dankbarkeit

Dies ist ein sehr ernst gemeinter Ausdruck. Für jemanden, dem man ein utang nga kabubút-on schuldet, tut man alles, egal was es kostet oder welche Umstände es bereitet.

Die Kochbananen, die nicht so süß sind, werden gerne mit herzhafter Soße gegessen. Diese Mahlzeit ist sehr preiswert und daher auch als das Essen „des armen Menschen" bekannt.

Bisan saging, basta labing. (**labing** = „loving")
sogar Banane solange lieben
Banane essen macht nichts, solange man einander liebt.

Zugegeben, selbst unsere endgültige Übersetzung dieser Phrase macht noch nicht allzu viel Sinn. Also spendieren wir dieser Phrase noch eine weitere Übersetzung: „Arm sein macht nichts, solange man liebt."

Simba ko!
beten ich
Lass das nicht passieren! / Hoffentlich nicht!

Dieser Ausdruck wird verwendet, wenn man von einem Geschehnis erfährt, das nicht im Sinne Gottes ist. Oft bekreuzigen sich die Leute im gleichen Moment, wenn sie den Ausdruck benutzen. Wenn jemand Simbá ko! sagt und sich dabei bekreuzigt, nachdem Sie etwas in Cebuano gesagt haben, dann sollten Sie noch einmal Ihre Vokabeln kontrollieren!

Mit einem Smartphone können Sie sich die mit einem gekennzeichneten Sätze dieses Kapitels anhören.

Ginóo ko!
Gott mein
Oh, mein Gott!

Susmaryosep!
Jesus-Maria-Josef
Jesus, Maria und Josef!

Floskeln

Ako nang buháton.	Ich mache es.
von-mir dann-dass Z-getan-werden	
Ako nang kuhá-on.	Ich hole es.
von-mir dann-dass Z-geholt-werden	
Nalímot ko.	Habe ich vergessen.
GV-vergessen ich	
Huna-húna nako.	Ich denke ...
denken mir	
Salá nako.	Ich bin schuld.
Sünde mir	
Nagdali ko.	Ich bin in Eile.
GV-eilen ich	
Ako una.	Ich gehe voran.
ich erster	
Duna koy probléma.	Ich habe ein Problem.
haben ich Problem	

Okey lang. *okay bloß*	Na gut.
Naá ra nimo. *es-gibt nur dein*	Wie du willst.
Nganong dili man? *warum-dass nein !*	Warum nicht?
Dili ba? *nein ?*	Nicht wahr?
Luoy.	Schade.
Unsa imong gibúhat? *was von-dir-dass GV-gemacht-werden*	Was machst du?
Nagpakatáwa ka! *GV-lass-lachen du*	Das meinst du nicht ernst!
Akó na lang. *ich dann bloß*	Ich mach' schon.
Dalí ra. *komm-her nur*	Komm her!
Kuyog nako. *komm-mit mir*	Komm mit mir!
Paháwa na! *lass-verlassen dann*	Geh weg!
Dili ko gusto kaná. *nein ich mögen jenes*	Das mag ich nicht.
Okey ba? *okay ?*	In Ordnung?

Wenn Sie anderen bei der Unterhaltung zuhören, werden Sie das merkwürdige Wort kuan recht häufig hören. Man würde im Deutschen vielleicht „dingsbums" sagen. Im Cebuano wird als Platzhalter benutzt, wenn einem ein Wort oder ein Name im Moment nicht einfällt.

Zu Gast sein

Filipinos sind nicht gerade schüchtern darin, Ausländer auf der Straße anzusprechen und nach gegenseitigen Sympathiebekundungen zum Essen nach Hause einzuladen. Wenn es nicht gerade in Manila passiert, wo Sie auch Trickgangster befürchten müssen, bietet solch eine Einladung einen interessanten Einblick in die philippinische Lebensart.

Es ist sehr schwer bis fast unmöglich, das Essen mit Bargeld zu bezahlen, da dies für den Gastgeber peinlich wäre. Am besten kommen als Gastgeschenke Mitbringsel aus Europa an, von denen Sie einen entsprechenden Vorrat dabei haben sollten.

Ayo! Knock-knock! *(das sagt man!)*
gut klopf-klopf
Ding-dong! Klopf-klopf!

Dayón!
Herein!

Schuhe ausziehen

Eine nette Geste ist es, wenn man anbietet, seine Schuhe auszuziehen. Der Gastgeber wird sowieso sagen „Nein, das brauchst du nicht“, und man kann die Schuhe anlassen (außer bei muslimischen Familien). Kleiner Tipp: Wenn sich im Eingangsbereich Schuhe und Latschen stapeln, dann ziehen die Familienmitglieder die Schuhe aus, wenn nicht, braucht man sich keine Sorgen machen.

Begrüßung

Man gibt sich die Hand wie bei uns. Wenn Sie aber Eindruck machen möchten, können Sie sich die Hand von Oma oder Opa schnappen und deren Handrücken an Ihre eigene Stirn drücken (den Kopf vorher etwas senken!). Die so begrüßte Person wird absolut begeistert sein. Die Prozedur nennt sich Amin ko („segnen ich"). Kinder grüßen so ihre Eltern in traditionellen Familien. Die modernen Kinder bzw. Eltern geben Küsschen.

Lingkud mo!
sitzen ihr
Setzt euch!

Gusto kamó ug coke, tubig, kapé, beer?
mögen ihr ein Cola Wasser Kaffee Bier
Möchtet ihr Cola, Wasser, Kaffee, Bier?

Hapit na malúto ang pagkáon!
gleich dann Z-gekocht-werden das Essen
Es gibt gleich Essen!

Salámat pero ayáw na lang!
danke aber tu-nicht dann bloß
Danke, das ist doch nicht nötig!

Oh, pero bisíta mo namo!
oh aber besuchen ihr uns
Oh, ihr seid doch unser Gast!

Vor dem Essen wird zuerst gebetet!

Lamí kaáyo ang pagkáon.
lecker sehr das Essen
Das Essen schmeckt ausgezeichnet!

Gusto ka ba ug ma-inom?
mögen du ? ein trinkbar
Magst du was trinken?

Unsay imong gusto?
was dein-dass mögen
Was magst du haben?

Motabáko ka ba?
Z-rauchen du ?
Rauchst du?

Mahímo bang manigarílyo ko?
möglich ?-dass Z-rauchen ich
Darf ich rauchen?

Das häufiger als bei uns auftretende Rülpsen wird mit einem Kopfwegdrehen und einem leisen excuse *oder* gracias sa Diyos *quittiert. Und ganz nach Martin Luther ist das Rülpsen eher ein Zeichen, dass es gut war und man satt ist.*

Adúna bay hotél diri sa barangay?
haben ? Hotel hier in Ort
Gibt es ein Hotel hier im Ort?

Walá, pero pwede mo sa amo mosaka!
nicht-gibt aber können ihr bei uns(exkl.) Z-steigen
Nein, aber ihr könnt bei uns wohnen!

Ayáw na lang!
tu-nicht dann bloß
Das geht doch nicht!

Wenn es wirklich kein Hotel oder eine andere Möglichkeit gibt, kann man dieses Angebot annehmen.

Waláy probléma!
Kein Problem!

Wenn man aufbrechen möchte, verabschiedet man sich mit folgenden Worten:

Sige, adto na ko, manang / manong.
okay gehen dann ich Frau / Herr
Ich gehe dann jetzt.

die Familie

Die philippinische Familie (pamilya, banay) hat nicht nur eine beachtliche Größe, sondern auch ein starke Bindung zwischen den einzelnen Familienmitgliedern, die bis ins Geschäftsleben eindringt. Diese Bindung fängt auf sozialer Ebene einiges auf, was von staatlicher Seite her fehlt.

Zur älteren Schwester kann man auch ate *sagen, zum älteren Bruder auch* kuya. *Diese beiden Ausdrücke sind eigentlich Tagalog, werden aber auch im Süden der Philippinen mittlerweile flächendeckend innerhalb der Familie benutzt.*

Es gibt sehr starke Hierarchien im Respekt: Der meiste Respekt gebühren natürlich lola (Oma) und lolo (Opa). Aber auch die manang (ältere Schwester) und der manong (älterer Bruder) werden von den jüngeren Geschwistern mit mehr Respekt behandelt, als man das bei uns gewohnt sein mag. Die Bezeichnungen manang und manong werden auch für Bekannte genutzt, sofern das Alter passt.

Kiní ang akong asáwa.
dieses die meine-dass Ehefrau
Dies ist meine Gattin.

Kaná ang akong anák.
jenes das mein-dass Kind
Dies ist mein Kind.

In den zusammengesetzten Verwandtschaftsbezeichnungen stehen häufig babáe (Frau) und laláke (Mann) sowie das Verbindungswort nga (dass). Statt laláke kann man auch laláki sagen. Einige Bezeichnungen, z. B. apó oder ig-ágaw, gelten für beide Geschlechter.

inahán	Mutter
amahán	Vater
nanay, mama	Mama
tatay, papa	Papa
ina-ína	Stiefmutter
ama-áma	Stiefvater
asáwa	Ehefrau
bana	Ehemann
bata	Kind
day	Mädchen
dong	Junge
anák nga babáe	Tochter
anák nga laláke	Sohn
igsóon nga babáe	Schwester
igsóon nga laláke	Bruder
apó	Enkel, Enkelin
ugángan nga babáe	Schwiegermutter
ugángan nga laláke	Schwiegervater
bayáw nga babáe	Schwägerin
bayáw nga laláke	Schwager
tiyá, tita	Tante
tiyó, tito	Onkel
pag-umángkon	Nichte, Neffe
ig-ágaw	Cousin, Cousine
ninang – ninong	Patin – Pate
kinúgos nga babáe	Patentochter
kinúgos nga laláke	Patensohn
maguláng – manghud	älter – jünger
minyo	verheiratet
paryete	Verwandter
amíga – amígo	Freundin – Freund
uyáb	Geliebte/r
yaya	Babysitter

Day *und* dong *werden auch als vertrauliche Anreden im Sinne von „Kumpelin“ oder „Kumpel“ verwendet.*

Minyo ka na ba?
verheiratet du dann ?
Bist du verheiratet?

Pila ang imong anak?
wie-viel das dein-dass Kind
Wie viele Kinder hast du?

Adúna ka bay manghud nga igsóong laláke?
haben du ? jünger dass Geschwister-dass Mann
Hast du einen jüngeren Bruder?

Pila ka buók ang imong igsóong laláke ug babáe?
wie-viel du Stück der dein-dass Geschwister-dass Mann und Frau
Wie viele Brüder und Schwestern hast du?

Beruf

Die Gastgeber werden sich sicherlich auch für Ihren Beruf interessieren.

Unsa ang imong trabáho?
was das dein-dass Arbeit
Was bist du von Beruf?

Es gibt nur wenige Berufsbezeichnungen, die zwischen männlicher und weiblicher Form unterscheiden. Die weiblichen Bezeichnungen stehen jeweils nach dem Bindestrich. Alle anderen kann man für Männer und für Frauen verwenden.

empleyádo / empleyáda	Angestellte/r
trabahadór / trabahadóra	Arbeiter/in, Handwerker/in
doktór / doktóra	Arzt / Ärztin
mekániko	Automechaniker
mag-úuma	Bauer
tagatransléyt	Dolmetscher
elektrísyan	Elektro-mechaniker
maníniyot	Fotograf
negosyánte	Geschäftsmann
wood carver	Holzschnitzer
jornalísta	Journalist
tagalúto	Koch
truck driver	Lastwagenfahrer
maestro / maestra	Lehrer / Lehrerin
pari	Pfarrer, Pastor
abogádo / abogáda	Rechtsanwalt/in
kondúktor	Schaffner
mananáhi	Schneider
estudyánte	Schüler, Student
tagahímo ug sapátos	Schuster
sekretáryo / sekretárya	Sekretär
taxi driver	Taxifahrer
karpintéro	Zimmermann

Aufgepasst! Mangingiyot *heißt „fucker" (und das „g" in der Buchstaben-kombination* ng *wird, wie bekannt, sehr sanft ausgesprochen!*

Adúna ka bay negósyo dinhi?
haben du ? Geschäft hier
Bist du / sind Sie geschäftlich hier?

Walá, turísta ko.
nicht-gibt Tourist ich
Nein, ich bin Tourist / Touristin.

Unterwegs

Für mittlere Entfernungen werden sogenannte Jeepneys eingesetzt. Ursprünglich wurden diese Fahrzeuge aus halbierten und dann verlängerten amerikanischen Militärjeeps hergestellt, mittlerweile aber auch aus neueren Teilen. Das ganze wird dann mit Chromteilen und Stickern gepflastert und zum Schluss eine kräftige Stereoanlage unter den Sitzen angebracht. Schwarzlicht darf natürlich auch nicht fehlen ...

Unsáon ang pag-ádto sa ... gikan dinhi?
Z-wie die Reise in ... von-her hier
Wie komme ich von hier nach ...?

zu Fuß

Filipinos sind sehr hilfsbereit, wenn Sie nach einer Adresse fragen, aber vertrauen Sie nicht nur einer Meinung! Sie bekommen meist eine Antwort mit konkreten Richtungsangaben, egal ob der Befragte Ihr Ziel kennt oder nicht. Himmelsrichtungen sind nicht bekannt, auch Adressen oder gar Hausnummern sind nicht jedermanns Sache und können für viel Verwirrung sorgen. Versuchen Sie daher immer, nach einem wichtigen Gebäude (Hotel, Kirche) in der Nähe Ihres Ziels zu fragen.

Die wichtigsten Richtungsangaben finden Sie in der rechten inneren Umschlagklappe.

Duól ra ba ning lakawón nako?
nahe nur ? dieses-dass Gehen mein
Ist es nahe genug, dass ich gehen kann?

Magbáklay ta.
Z-gehen wir(inkl.)
Lasst uns zu Fuß gehen.

mit dem Bus / Jeepney

Asa man ang bus sa ...?
wo ! der Bus nach ...
Wo ist der Bus nach ...?

Unsay akong sakyan pag-ádto sa ...?
was von-mir-dass fahren Reise in ...
Welche Linie nehme ich nach ...?

Mohúnong ba dinhi ang bus?
Z-anhalten ? hier der Bus
Hält hier ein Bus?

Wenn Sie keine besonderen Komfortansprüche haben und nicht in großer Eile sind, ist Reisen mit öffentlichen Verkehrsmitteln einfach, billig und unterhaltsam.

Unsa kadugayón usa moabot dinhi ang bus?
was Dauer bevor Z-ankommen hier der Bus
Wann kommt der Bus an?

Unsay oras molárga ang bus?
was Stunde Z-verlassen der Bus
Wann fährt der Bus ab?

Pila man ang plete sa ...?
wie-viel ! der Fahrpreis in ...
Wie viel kostet es nach ...?

© JA & VH
Moderner Fernreisebus

Im Langstreckenbus wird nach dem Einstieg kassiert, und bei Ausländern achtet der Schaffner auch darauf, dass man sein Ziel nicht verfehlt.

Asa ka mohúnong?
wo du Z-anhalten
Wo steigen Sie aus? *(fragt der Schaffner)*

Unsáon ko pagbálik?
Z-wie ich Rückkehr
Wie komme ich wieder zurück?

Ingna ko manóng / dong kung Agóho na!
gesagt-werde ich Herr / Kumpel wenn Agoho dann
Sag(en Sie) mir, wenn wir in Agoho sind, mein Herr / Kumpel.

Adúna nay naglíngkod dinhi.
haben dann GV-sitzen hier
Dieser Platz ist besetzt.

Wechselgeld

Den nächsten Satz braucht man z.B. für folgende Situation: Der eigene Geldschein „wandert" durch den vollbesetzten Jeepney nach vorne zum Kassierer (weil man sein Fahrgeld bezahlen möchte). Dieser gibt jedoch nicht sofort das Wechselgeld heraus, da er gerade keine „coins" (Münzen) hat. 10 Minuten später muss man aussteigen, das Wechselgeld ist aber immer noch nicht da.

Asa ang akong sukli?
wo das mein-dass Wechsel
Wo ist mein Wechselgeld?

Walá koy sensilyo.
nicht-gibt ich Kleingeld
Ich habe kein Kleingeld.

mit dem Taxi oder Tricycle

Insbesondere wenn Sie noch neu in einer Stadt sind, ist es sehr angenehm, auf diese Verkehrsmittel zurückzugreifen, da sie Ihnen die Orientierungsarbeit (hoffentlich) abnehmen.

Manakáy ta ug taksi.
Z-fahren wir(inkl.) ein Taxi
Lasst uns ein Taxi nehmen.

Manakáy *ist zusammengesetzt aus* mang- + sakáy.

Palíhog, dad-a ko sa ...!
bitte gebracht-werde ich in ...
Bringen Sie mich bitte zu ...

Bestehen Sie lieber darauf, dass das Taxameter eingeschaltet wird, damit Sie keine überhöhten Preise zahlen müssen!

Palíhog gamíta ang imong metro!
bitte benutzt-werde das dein-dass Taxameter
Benutzen Sie bitte Ihr Taxameter!

Demáno / desílya / dirétso dirí!
rechts / links / geradeaus hier
Hier rechts / links / geradeaus!

Para!
Stop!

Sa eskína lang.
in Ecke bloß
Nur bis zur Ecke.

Sa pikas.
in gegenüber
Auf die / der anderen Seite. Gegenüber.

Kiní na ang lugár.
dieses dann der Platz
Das ist die Stelle.

Sie müssen zwar kein Trinkgeld geben, können aber den Endbetrag um 5 bis10 % aufrunden.

May sensílyo ka ba?
es-gibt Wechselgeld du ?
Haben Sie Wechselgeld?

mit dem Schiff

Asa ko mangíta ug barko para sa Negros?
wo ich Z-finden ein Schiff für in Negros
Wo kann ich ein Schiff nach Negros finden?

Duhá para sa Bohól karong domíngo.
zwei für in Bohol jetzt-dass Sonntag
Zwei Personen nach Bohol für Sonntag.

Unsang adláwa ug unsang orása mogíkan ang barko paingón sa Cebú?
was-dass Tag und was-dass Stunde Z-verlassen das Schiff Richtung in Cebu
An welchem Tag und um welche Uhrzeit fährt ein Schiff nach Cebu?

Naá bay student discount?
vorhanden ? Student Ermäßigung
Gibt es auch eine Studentenermäßigung?

Ausflug per Motorradtaxi

Übernachten

In den Großstädten können Sie todschicke Luxushotels erwarten, aber in kleineren Städten sind die Zimmer vielleicht nicht ganz so modisch. Wasserhähne, Duschen und insbesondere die magische Toilettenspülung funktionieren nicht immer einwandfrei, aber man bekommt statt dessen so oft eine liebe, familiäre Atmosphäre. Und keine Sorge: eine interessante „Alternative" zur defekten Dusche und Spülung ist stets vorhanden.

Die klassische Frage „Wo gibt es ein günstiges Hotel?" ist eigentlich unnötig. Denn dann landen Sie dank dem gesunden „Familienzusammenhalt" besonders in kleineren Orten bei einem Verwandten des Gefragten. – Aber falls Sie dennoch Ihr Glück versuchen wollen:

Asa akó makakíta ug barátong hotél?
wo ich können-finden ein billig-dass Hotel
Wo finde ich ein günstiges Hotel?

Adúna ba moy bakánteng kwárto para sa duhá ka tao?
haben ? ihr frei-dass Zimmer für bei zwei Stück Person
Haben Sie ein Zimmer für zwei Personen frei?

Mahímo bang tan-áwon nako?
möglich ?-dass Z-angeschaut-werden von-mir
Kann ich es anschauen?

Adúna pud bay kwarto nga naáy / waláy aircon?
haben auch ? Zimmer dass es-gibt / gibt-nicht Klimaanlage
Gibt es auch Zimmer mit / ohne Klimaanlage?

Gusto ko ug kwarto nga adúnay kaugalíngong kaligó-anan.
mögen ich ein Zimmer dass haben persönlich-dass Badezimmer
Ich möchte ein Zimmer mit eigenem Bad.

Tagpíla man ang matag-gábii?
wie-viel ! die jede-Nacht
Wie viel kostet es pro Nacht?

Adúna bay bakánte sa mga cottages dinha duól sa dagat?
haben ? frei in Mz. Hütten dort nahe von Meer
Ist eine von den Hütten direkt am Meer frei?

Maáyo. Dinhi na kamí mopuyó hangtud sa kahangtúran!
gut hier dann wir Z-bleiben bis in Ewigkeit
Das ist prima. Hier bleiben wir für immer!

Adúna bay kan-anán dinhi?
haben ? Restaurant hier
Haben Sie ein Restaurant hier?

Adúna ba kamóy tubig nga init?
haben ? ihr Wasser dass heiß
Haben Sie heißes Wasser?

Tagáan pud ba nimo kamí ug tuwálya?
Z-gegeben-werden auch ? von-dir wir(exkl.) ein Handtuch
Können wir auch Handtücher haben?

Nagkinahánglan ko ug ...
GV-benötigen ich ein ...
Ich brauche noch ...

bentílador	Ventilator
espého, samin	Spiegel
init nga tubig *heiß dass Wasser*	heißes Wasser
kandíla	Kerze
kaw-itánan	(Kleider-)Bügel
sabón	Seife
sugá	Licht
tubig	Wasser
tuwálya	Handtuch
moskitéro	Moskitonetz
off lotion	Mückenschutzmittel

Palíhog tagoi kiní para nako.
bitte bewahrt-werde dieses für mich
Bitte bewahren Sie das für mich auf.

Palíhog ihátag nako ang yawe.
bitte gegeben-werde mir der Schlüssel
Bitte geben Sie mir den Schlüssel.

Kiníng kwartóha dili limpyo.
dieses Zimmer nein sauber
Dieses Zimmer ist nicht sauber.

Palíhog limpyohi ang akong kwarto.
bitte gereinigt-werde das mein-dass Zimmer
Bitte reinigen Sie mein Zimmer.

Mahímong magpálaba akó?
möglich-dass Z-lass-waschen ich
Kann ich etwas Wäsche gewaschen bekommen?

Kanús-a kiní ibálik sa nako?
wann dieses Z-zurückgegeben-werden bei mir
Wann kann ich sie zurückbekommen?

Adunay nawála nga pipiláa ka búok.
haben GV-fehlen dass einige Stück Teile
Es fehlen ein paar Sachen.

Ugma moháwa na mi.
morgen Z-abreisen dann wir(exkl.)
Morgen werden wir abreisen.

Palíhog pukáwa ko sa ...
bitte geweckt-werde ich in ...
Bitte wecken Sie mich um ...

Pwede na mi magbáyad karon?
können dann wir(exkl.) Z-zahlen jetzt
Können wir jetzt schon zahlen?

„Unkonventionelles“ Hotel in Davao City

Auf dem Lande

In Dörfern fernab vom Tourismus sollten Sie zunächst das Dorfoberhaupt, den kapítan, aufsuchen. Dies dient zur Respekterweisung, und auch um Spekulationen im Dorf zu verhindern. Ansonsten kann es passieren, das Ihnen die abenteuerlichsten Geschichten (Waffenhändler, Drogeninspektor, Goldsucher ...) angedichtet werden. Niemand wird ahnen, dass Sie diese Region nur wegen der schönen Natur, der interessanten Kultur oder gar einer freiwilligen Bergbesteigung besuchen!

Oft ist der kapítan froh über etwas Abwechslung und internationale „Beziehungen". Auch hier ist es sinnvoll, ein paar europäische oder wenigstens großstädtische Mitbringsel im Gepäck zu haben.

Asa man ang baláy sa kapítan?
wo ! das Haus von Dorfoberhaupt
Wo ist das Haus vom Dorfoberhaupt?

Turísta kamí gikan sa Germany.
Touristen wir(exkl.) von-her in Deutschland
Wir sind Touristen aus Deutschland.

Naghímo kamí ug litráto ug gusto namo mailaíla ang mga tawo dire.
GV-machen wir(exkl.) ein Foto und mögen uns(exkl.) Z-kennenlernen das Mz. Mensch hier
Wir machen Fotos und möchten die Menschen hier kennenlernen.

Gusto namo mokátkat sa bukid.
mögen uns(exkl.) Z-steigen in Berg
Wir wollen eine Bergbesteigung machen.

Geführte Wanderungen

In einigen Regionen, hauptsächlich im Westen Mindanaos, in Basilan und im Sulu-Archipel, gibt es immer noch Aktivitäten von Rebellen. Erkundigen Sie sich vorher über eventuelle Gefahrenregionen beim „Department of Tourism", und vermeiden Sie Reisen in die betroffenen Gebiete. Die Rebellencamps liegen oft in den bewaldeten Hängen. Für die meisten Berge ist es dringend anzuraten, einen einheimischen Führer zu engagieren.

Pwede ba ni makátkat nga bukid?
können ? dieses Z-steigen dass Berg
Kann man diesen Berg besteigen?

Kinahánglan ba namo ug guide?
benötigen ? uns(exkl.) ein Führer
Braucht man einen Führer?

Asa ko makakitá ug guide?
wo ich können-finden ein Führer
Wo kann ich einen Führer finden?

Pwede ko nimo giyáhan ugma sa ini nga bukid?
können ich von-dir Z-geführt-werden morgen in dieser dass Berg
Können Sie mich morgen auf diesen Berg führen?

In manchen Orten führt man sogar ein Ritual durch, um die Geister des Berges zu besänftigen, bevor man Sie hinaufwandern lässt.

© JA & VH

Gut gelaunte Beschützer

Pila man ang bayad sa imong paggíya?
wie-viel ! die Zahlung in dein-dass Führen
Wie viel verlangen Sie für die Führung?

Magkíta ta dire ugma sa alas says?
Z-treffen wir(inkl.) hier morgen in Uhr sechs
Sollen wir uns hier morgen um sechs Uhr früh treffen?

Unsa kadugayón ta moabót sa tuktok?
was Dauer wir(inkl.) Z-ankommen in Gipfel
Wie lange dauert es bis zum Gipfel?

Habog ba ang agiánan?
hoch ? der Weg
Ist der Weg sehr steil?

Gikápoy ko, pwede ta mopahúlay?
GV-ermüdet-werden ich können wir(inkl.) Z-lass-ruhen
Ich bin erschöpft, können wir eine Pause machen?

Unsa man kaná nga kasíkas?
was ! jenes dass Geräusch
Was war das für ein Geräusch?

Mas maáyo ba nga mobálik na lang ta?
mehr gut ? dass Z-zurückkehren dann bloß wir(inkl.)
Sollen wir besser umkehren?

Am Strand

Gerade auf den Philippinen kommt es öfter mal vor, dass man einen Strand ganz für sich allein hat.

Kulba ba molángoy diri?
gefährlich ? Z-schwimmen hier
Ist es gefährlich, hier schwimmen zu gehen?

Taub ba o hunas karon?
Flut ? oder Ebbe jetzt
Haben wir im Moment Flut oder Ebbe?

balód	Welle
linaw	ruhig (Ozean)
bahá	Flut (hüfthoch)
lunop	Flut (mehr als kopfhoch)

Pwede ba mag-isnórkel diri?
können ? Z-schnorcheln hier
Kann man hier schnorcheln?

Naá ba coral / salabáy / urchin / sulóg?
es-gibt ? Korallen / Quallen / Seeigel / Strömung
Gibt es Korallen / Quallen / Seeigel / Strömung?

Pwede ba moábang ug snorkel-gear / diving-gear / baróto diri?
können ? Z-leihen ein Schnorchel- / Tauchausrüstung / Boot hier
Kann man sich hier eine Schnorchel- / Tauchausrüstung / ein Boot ausleihen?

Wetter & Klima

Hier finden Sie die wichtigsten Vokabeln zum Thema Wetter.

Jahreszeiten

tingdágdag	Herbst
ting-ínit	Trockenzeit, Sommer
tingpamúlak	Frühling
tingtúgnaw	Winter
ting-úlan	Regenzeit

kalt & heiß

bugnaw	kalt
alimúot – init	warm – heiß
ugá	trocken
umóg – basá	feucht – nass

Wetter

klima – panahón	Klima – Wetter
adlaw	Sonne
hangin	Wind
pangánod	Wolke
gabon	Nebel
yamóg	Tau
ulán	Regen
talígsik	Regenschauer
bangaw	Regenbogen
dautáng panahon	stürmisches Wetter
zerstörerisch-dass Wetter	
unós, bagyo	Sturm
dalógdog	Donner
kilat, lití	Blitz
bagyo	Taifun
linog	Erdbeben

Früchte, Pflanzen & Tiere

Die Pflanzenwelt der Philippinen bietet wohlschmeckende Früchte, vielfältiges Gemüse, Baumaterial und schöne Zierpflanzen, wobei sich hier einige „Südamerikaner“ eingeschlichen haben. Hier eine Auswahl der populärsten Pflanzen und Früchte:

Früchte

atis	Rahmapfel
bayábas	Guave
balímbing	Sternfrucht / Karambole
chico	Breiapfel
durian	Durian
kalamánsi	Calamondin-Orange
kapáyas	Papaya
kasóy	Cashew-Nuss
kaymíto	Sternapfel
langka	Jackfrucht
lansónes	Lanzone
makópa	Rosenapfel
mangga	Mango
manggostin	Mangostane
mansánas	Apfel
pakwan	Wassermelone
pasyon fruit	Maracuja / Passionsfrucht
pinya	Ananas
rambután	Rambutan
saging	Banane
suha	Pomelo

Durian *„stinkt wie Hölle, schmeckt wie Himmel“, heißt es. Das Stinken wird allgemein als richtig befunden, beim Geschmack gehen die Meinungen weit auseinander.*

Pflanzen

Die Dächer der traditionellen Hütten sind mit nipa *gedeckt.*

Aus cogon *(üblicherweise in englisch-spanischer Schreibweise) werden Besen, Dächer usw. hergestellt.*

bombil	Bougainvillea
orkid	Orchidee
nipa	Palmart in den Mangroven
uwáy	Rattan
narra	Nationalbaum der Philippinen
cogon	Cogon (auffälliges, hohes Gras)
kawáyan	Bambus

Tiere

Der in Mindanao heimische Philippinenadler ist der größte Adler der Welt.

Es gibt auf den Philippinen seltene Tiere, die teilweise nur auf einer einzigen Insel vorkommen, und ständig werden neue entdeckt.

agila	Adler
báboy	Schwein
baka	Kuh
bakí	Frosch
baó	Schildkröte
bitín	Schlange
buáya	Krokodil
hulmígas	Ameise
iho	Hai
ilagá	Maus, Ratte
iríng	Katze
iró	Hund
kabakába	Schmetterling
kábaw	Wasserbüffel
kabáyo	Pferd
kaká	Spinne
kanding	Ziege
karnéro	Schaf

kúto	Laus
lamók	Mücke
langaw	Fliege
langgam	Vogel
malasugi	Marlin (Schwertfisch)
manók	Huhn
uk-ok	Kakerlake
palaus	Waran
patí	Taube
pato	Ente
piríko	Papagei
pulgás	Floh
salabay	Qualle, „Jellyfish“
sinaráp-an	winziger Speisefisch
tamaráw	Tamarao (wilder Büffel)
tarsius	Koboldmaki
tikí	kleiner Gecko
tokó	großer Gecko
unggoy	Affe

Der kleine Gecko ist fast in jedem Zimmer als Insektenvernichter unterwegs. Der große Gecko ruft öfter mal (vor allem nach Sonnenuntergang) seinen „Namen“.

Koboldmaki

Essen & Trinken

Das Essen und Trinken ist nicht nur eine Notwendigkeit, sondern auch ein sozialer Höhepunkt des Tages. Die Mahlzeiten haben daher einen hohen Stellenwert und bilden oft den Gesprächsinhalt. Vegetarier sollten gewarnt sein. Selbst „vegetarische" Gerichte enthalten immer etwas Fleisch!

Der magische Spruch beim Bestellen lautet für Vegetarier:

Waláy karne, palíhog!
Ohne Fleisch, bitte!

Fleisch

adóbo	Fleisch, mit Sojasauce, Essig, Limonen und Chili
afritáda	leckerer Eintopf
arróz caldo	Reis mit Huhn und Ingwer
atáy	Leber
baboy	Schwein
bachoy	Nudelsuppe, Spezialität aus Iloilo (Panay)
baka	Rind
atáy	Nieren
dinuguán	Innereien in Blut und Essig gekocht
embutído	Schweinehack, sieht wie eine nackte Frühlingsrolle aus
ginamós	rosa, salzige Paste aus Meerestieren
kabaw	Wasserbüffel (zäher als Rind)

kalderéta	geschmortes Lammfleisch
karne	Fleisch
kilawín	Rinderhaut mit Bambusspitzen
láing	Taro-Blätter und Trockenfleisch in Kokosmilch
lechón	Spanferkel
longanísa	Wurst
lumpia	Frühlingsrolle fritiert (100 % Fleischfüllung)
lúmpia fresh	Frühlingsrolle unfritiert (nur Gemüse)
sinugba	Grillfleisch
manók	Huhn
síopao	Dampfnudel mit Fleischfüllung
tapa	dauergebackenes Büffelfleisch
sud-an	Fleisch- oder Fischbeilage

Lechón *gilt als das offizielle Nationalgericht der Philippinen. Wer eine Familienfeier ohne* lechón *veranstaltet, gefährdet sein soziales Ansehen.*

Fisch

alimángo	Krebs
bangús	Milchfisch
igát	ähnlich wie Aal, aber größer
isda	Fisch (allg.)
inún-on	Fisch, gekocht in Essig, Ingwer und Knoblauch
kinílaw	roher Fisch in Essig mit viel Chili und Limonen
lapu-lápu	Seebarsch
pusít	Tintenfisch
sinigáng	saure Fisch- oder Fleischsuppe mit Tamarinde
pasáyan	große Shrimps

Der bangús *ist der Nationalfisch und populärste Süßwasserfisch der Philippinen.*

Geschrieben in der Regel tanguigue *oder* tanguingue *(auch auf englischsprachigen Speisekarten).*

tahóng	Miesmuscheln
talabá	Auster
tangigi	Makrele
tinapá	Räucherfisch
tulíngan	Tunfisch

Gemüse, Früchte & Getreideprodukte

Die kamátis *wird oft grün gegessen, obwohl die grüne Farbe das leicht giftige Solanin enthält. Das scheint aber niemanden zu stören. Rot wird oft mit „alt" gleichgesetzt.*

ahos	Knoblauch
atsára	gesäuerte Papaya (Beilagenfavorit der Autoren!)
banana cue	gegrillte Banane am Spieß
bibíngka	Kokoskuchen aus Klebreis
bugás	ungekochter Reis
buko	junge Kokosnuss
bihon	Reisnudeln
gabi	Taro (Knollenfrucht ähnlich der Kartoffel, ist nur gekocht genießbar)
itlog	Ei (siehe auch **balút**, S. 108)
kabúti	Pilz
kalabása	Kürbis
kamátis	Tomate
kamóte	Süßkartoffel
kamóteng kahoy	Kassava / Maniok (eine Knollenfrucht)
kangkong	Wasserspinat
kanin	Reis (gekocht)
labanós	Rettich
labóng	Bambusspitzen
luto *(gar)*	gemeint ist „gar gekochter Reis"
luy-a	Ingwer

maís	Maiskolben (der heiße Maiskolben heißt auch tilaob)
makapunó	weiße, leckere Glibberstreifen aus jungen Kokosnüssen
malúnggay	Blätter des Meerrettichbaums, die als Suppengrün verwendet werden (sehr vitaminreich)
miswa	Weizennudeln
munggó	Mungbohne
lubi	reife Kokosnuss
petsay	Pakchoy (ähnl. wie Chinakohl)
paliyá	Bittergurke / Bittermelone
pan	Brot
pinákbet	Gemüsespezialität aus Ilocos: Okra, Aubergine, Bittermelone
pinya	Ananas
puto	klebrige Reiskuchen
repólyo	Kohl
rimas	Brotfrucht
sabá	Kochbanane (ist nur gekocht genießbar)
saging	(süße) Banane
sibúyas	Zwiebel (kleiner und kräftiger als bei uns)
singkamás	Jams (eine Knollenfrucht)
sampálok	Tamarinde
sotánghón	Nudeln aus Bohnenmehl
suman	Klebreis in Kokosmilch, in ein Bananenblatt eingerollt
talóng	Aubergine
toge	Mungbohnensprossen
tokwa	Sojabohnenquark / Tofu
ubod	Palmherz

Guten Appetit!

allgemein

ginataán	Gerichte, die in Kokosmilch zubereitet werden
pansit	Nudelgericht (lecker und billig, aber nicht sehr sättigend)
pinabúkal	gekocht
príto	gebraten
sabáw	Suppe
tinúla	Eintopfgerichte
ubé	Purpuryams

Manchmal werden Sie entsetzt feststellen, dass für einen Kuchen oder ein Eis ein sehr künstlich aussehender violetter Farbstoff verwendet wurde. Dabei handelt es sich jedoch um den Extrakt der Wurzel der Pflanze ubé, welcher ganz natürlich ist und einen herzhaften Geschmack hat.

Gewürze

asin	Salz
asúkar	Zucker
pamintá	Pfefferkörner (schwarz)
pamintáng gidugmok	gemahlener Pfeffer
patís	fermentierte Fischsauce (nicht trinken, nur würzen!)
sili	Chilipfeffer (sehr feurig!)
toyo	Sojasauce

Getränke

basi	Zuckerrohrschnaps
beer	Bier – „San Miguel" ist populär, „Red Horse" ist ein Starkbier
halo-hálo	zerschredderte Eiswürfel mit bunter Gelatine, Bohnen, Zucker, Kondensmilch und allem möglichen anderen Zeugs, Hauptsache bunt
kalamánsi	Limonade von der Calamondin-Orange
kapé	Kaffee (meist ein Instant-Eintassen-Päckchen)
lambanóg	Kokosschnaps
sagó	Getränk, das aus Palmstärke gewonnen wird
tsa	Tee
tubá	Palmwein (der Kokospalme)
tubig	Wasser (normalerweise ohne Kohlensäure, oft die einzige Alternative zu Cola & Co)

Vor Leitungswasser sei allgemein gewarnt! Man sollte besser in Markenwasserflaschen investieren (fabrikversiegelt und teurer als Cola!). In kleineren Läden werden auch „Wasserschläuche" (genannt ice water) verkauft. Das Wasser darin ist abgekocht bzw. gechlort. Der erste Genuss kommt einer Dusche gleich, da sie nicht einfach in der Handhabung sind.

auf der Straße

balút Wenn die Sonne untergeht, hört man öfter das Wort balút auf den Straßen rufen. Es handelt sich dabei um Händler, die Enteneier anpreisen, welche schon einen Embryo entwickelt haben. Die Dunkelheit hilft dabei, das ungesehen zu essen. Isst man es zum ersten Mal, hat es mehr mit einer Mutprobe zu tun als mit echtem Genuss. Aber manche Leute werden danach süchtig.

karindérya Dies ist der Name der kleinen Essensstände am Straßenrand. Sie haben oft eine Reihe von Kochtöpfen, auf die man deutet, nachdem man unter alle Deckel geguckt hat. Sie sollten auch die Temperatur prüfen, falls Sie auf warmes Essen Wert legen.

turo-túro Bretterbude mit Essensverkauf am Straßenrand. Turo heißt „zeigen".

im Restaurant

pamáhaw	Frühstück
paniúdto	Mittagessen
panihápon	Abendessen

Zum Frühstück gibt es traditionell das gleiche wie am Mittag und Abend. Manchmal gibt es zum gebratenen Reis etwas pan de sal, was kleinen warmen Brötchen entspricht. Kaffee gibt es nur zum Frühstück, da es später am Tag für Heißgetränke zu warm ist.

kutsára	Löffel	**pláto**	Teller
kutsílyo	Messer	**tasa**	Tasse
tinidor	Gabel	**baso**	Glas

Wenn man bezahlen möchte, zeichnet man mit beiden Daumen und Zeigefingern ein Rechteck in die Luft.

Gigútom ko.
hungrig ich
Ich bin hungrig.

Gi-uhaw ko.
durstig ich
Ich bin durstig.

Gusto ko ug ...
mögen ich ein ...
Ich hätte gern ...

Palíhog dal-i pa ko ug ...
bitte gebracht-werde jetzt ich ein ...
Bitte bringen Sie mir noch ...

Gipabukal ba kining tubig?
GV-abgekocht-werden ? dieses-dass Wasser
Ist das Wasser abgekocht?

Auf dem Markt

Einkaufen & Handeln

Mit einem Smartphone können Sie sich die mit einem gekennzeichneten Sätze dieses Kapitels anhören.

Auf Ihrer Reise erwarten Sie wunderbare Möglichkeiten, sich neu einzukleiden: seien es Qualitätsprodukte aus der gläsernen Shopping-Mall, günstige T-Shirts oder handgearbeitete Gegenstände auf dem traditonellen Markt – oder gar etwas Maßgeschneidertes. Gerade solche Spezialanfertigungen sind erfreulich günstig, sei es ein Anzug, ein Paar Schuhe, eine Lederjacke oder die Jeans mit frei wählbarem Markenetikett.

Bekleidung kaufen

Unsay imong gipangíta, Sir?
was von-dir-dass GV-gesucht-werden Herr
Nach was suchen Sie denn, Herr?

Nangíta ko ug pantalón.
GV-suchen ich eine Hose
Ich brauche eine Hose.

Unsay imong pagtán-aw ani?
was dein-dass Schauen dieses
Wie gefällt Ihnen diese hier?

Sige. Pwede nako isukód?
in-Ordnung können von-mir Z-probiert-werden
In Ordnung. Kann ich die anprobieren?

Níndot, sigo nako.
schön passen mich
Na prima, passt ja!

Naá ka pa bay kinahanglan, Sir?
es-gibt du noch ? benötigen Herr
Brauchen Sie sonst noch etwas, mein Herr?

sapátos	Schuh
pantálon	Hose
medyas	Socken
sandal	Sandalen
botas	Stiefel
talúmos	Badekleidung
puról	Unterhose
payong	(Sonnen- / Regen-)Schirm

Für viele Artikel, die in dieser Liste fehlen, werden die entsprechenden englischen Begriffe benutzt.

handeln

Wenngleich es immer populärer wird, in Supermärkten einzukaufen, bilden Frischmärkte immer noch die Zentren vieler Städte. Auf den Märkten wird noch viel gehandelt und diskutiert. Bei viel „Gewühl" sollten Sie auf Ihre Taschen, Ohrringe usw. gut aufpassen.

Pila man ang tungá sa kilo nga lanzónes dinha?
wie-viel ! das halb von Kilo dass Lanzones dort
Wie viel kostet ein halbes Kilo von den Lanzones dort?

Beynte pesos lang!
zwanzig Pesos bloß
Nur zwanzig Pesos!

Dili nako gusto palíton ang tibúok basket.
nein von-mir mögen Z-gekauft-werden der ganz Korb
Nein, ich möchte nicht den ganzen Korb kaufen!

Pwede mohángyo?
können Z-feilschen
Geht das nicht billiger?

Kinse pesos na lang.
fünfzehn Pesos dann bloß
Na gut, fünfzehn Pesos.

Sige, katórse na lang ug mopálit na ko.
okay vierzehn dann bloß das Z-kaufen dann ich
Ok, mit vierzehn Pesos wäre ich einverstanden.

Sige, maáyo man ka mohángyo.
okay gut ! du Feilscher
Also gut. Du bist ein guter Händler.

Maáyong adlaw ug salámat.
gut-dass Tag und danke
Schönen Tag noch und danke.

Fotografieren

Filipinos lieben es, fotografiert zu werden. Selbst wenn gerade gestritten wird – auf dem Foto wird nur sonnige Harmonie sichtbar sein. Dennoch kann es nicht schaden, höflich zu fragen, bevor man auf den Auslöser drückt.

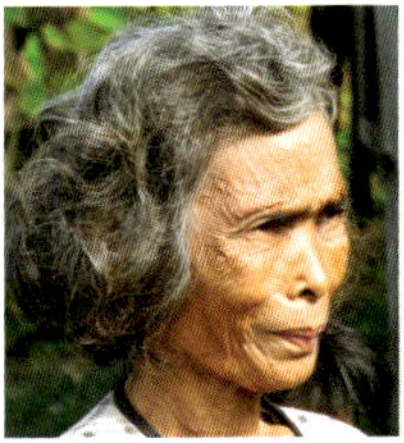

Charakterkopf, weiblich

Pwede tika kuháan ug litráto?
können von-mir-du Z-genommen-werden ein Foto
Kann ich ein Foto von Ihnen machen?

Palíhog, kodaki mi.
bitte fotografiert-werde wir(exkl.)
Können Sie ein Foto von uns machen?

Charakterkopf, männlich

beide Fotos: © JA & VH

Usá pa palíhog.
eins noch bitte
Noch eins bitte!

Pwede ko mokúha ug hulágway dinhi?
können ich Z-nehmen ein Foto hier
Darf man hier fotografieren?

Ginadíli ang pagkúha ug hulágway dinhi.
GV-verboten-werden das Nehmen ein Foto hier
Fotografieren verboten!

digital camera	Digitalkamera
memory card	Speicherchip

Telefonieren

Festnetzanschlüsse sind in Privathaushalten ausgesprochen selten, aber jeder, der es sich irgendwie leisten kann, besitzt ein Handy.

Wenn man nicht selbst ein Handy mit sich trägt, ist es am einfachsten, zu einem Gemischtwarenladen (sari sari store) zu gehen und dort das Telefon zu benutzen. Oft sieht man ein Telefon bereits am Straßenrand stehen. Für einen Besucher sehen diese Telefone eher „privat" aus, aber sie sind für den öffentlichen Gebrauch bestimmt. Bezahlt wird pro drei Minuten, und es wird von Ortsgesprächen ausgegangen. Für internationale Anrufe oder Faxe sollte man zu einer Telefongesellschaft, oder zur Not in ein Hotel gehen.

istórya sa telépono *sprechen in Telefon*	telefonieren
telépono	Telefon
directory	Telefonbuch
phone number	Telefonnummer
telephone booth	Telefonzelle
cell phone	Handy
text	SMS
unli (unlimited)	Flatrate

Si Dirk kini.
der Dirk hier
Hier spricht Dirk.

Kinsa ni?
wer dieses
Wer spricht dort?

Walá ko kasabót.
nicht-gibt ich Verständnis
Ich habe nichts verstanden.

Naá si Mr. Bartolome?
es-gibt der Herr Bartolome
Ist Herr Bartolome da?

Walá si Mr. Bartolome diri.
nicht-gibt der Herr Bartolome hier
Herr Bartolome ist nicht da.

Palíhog, tawag na lang usáb unya.
bitte rufen dann bloß wieder danach
Versuchen Sie es bitte später!

Naá si Mr. Bartolome.
es-gibt der Herr Bartolome
Herr Bartolome ist da.

Hulát kadiyot.
warten Moment
Warten Sie einen Moment.

Tawagón nako siya.
Z-gerufen-werden von-mir er
Ich werde ihn rufen.

Palíhog istorya ug ...
bitte sagen das(s) ...
Bitte sagen Sie, dass ...!

usáb	noch einmal
hinay	langsamer
kusóg	lauter

Krank sein

Mit einem Smartphone können Sie sich die mit einem 👂 gekennzeichneten Sätze dieses Kapitels anhören.

Die Ärzte auf den Philippinen sprechen ausgezeichnet Englisch. Wir stellen hier dennoch wichtige Begriffe für den Fall vor, dass kein Arzt in der Nähe ist oder Sie selbst jemanden verarzten müssen.

Naá bay duktór / dentísta diri?
haben ? Arzt / Zahnarzt hier
Gibt es einen Arzt / Zahnarzt hier?

Lain ako ng pamínaw. *anders mein-dass wahrnehmen*	Mir ist übel.
Nalípong ko. *schwindlig ich*	Mir ist schwindlig.
Nagsakít ko. *GV-krank-sein ich*	Ich bin krank.
Katúlgon / gikápoy ko. *müde / GV-ermüdet-werden ich*	Ich bin müde.
Gihilántan ko. *GV-fiebrig ich*	Ich habe Fieber.
Gipá-ak ko. *GV-gebissen-werden ich*	Mich hat etwas gestochen / gebissen.
Basá akong tae. *feucht mein-dass Kot*	Ich habe Durchfall.
Kinahánglan ko mosuka. *benötigen ich Z-übergeben*	Ich muss mich übergeben.
Buros ko. *schwanger ich*	Ich bin schwanger.

Pwede ka ba magkúha kadalí ug Doktór?
können du ? Z-holen schnell ein Arzt
Können Sie schnell einen Arzt holen?

Sakít diri.
schmerzhaft hier
Hier tut es weh.

Agáy, sakít na!
aua schmerzhaft dann
Aua, das tut weh!

Sakít akong ngipon.
schmerzhaft mein-dass Zahn
Ich habe Zahnschmerzen.

Körperteile

Kopf

ulo	Kopf
nawóng, dagwáy	Gesicht
buhók	Haar
bagol-bágol	Schädel
agtang	Stirn
matá	Auge
dalúnggan	Ohr
aping	Wange
ilóng	Nase
ngabil	Lippe
suwáng	Kinn
baba	Mund
dila	Zunge
tutúnlan	Kehle

Arme, Beine, Körper

lawas	Körper
abága	Schulter
bukton	Arm
ilok	Achselhöhle
siko	Ellbogen
kamót	Hand
tudlo	Finger
kukó	Fingernagel
dughan	Brustkorb
suso, **tutoy**	Brust (weibl.)
pusod	Nabel
hawak	Taille
bat-ang	Hüfte
paa	Oberschenkel
tuhod	Knie
bitíis	Bein, Unterschenkel
bagtak	Wade
tiíl	Fuß

innere Organe & Co.

utok	Gehirn
ugát	Nerven, Adern
kasing-kásing	Herz
dugó	Blut
unód	Fleisch
atay	Leber
apdo	Galle
pantog	Harnblase
baga	Lunge
rinyon	Niere
tiyán	Magen
tiná-i	Darm
bukóg	Knochen

Toilette

Wenn Sie sich auf einer Reise durch die Philippinen befinden, sollten Sie Ihre Toilettenbenutzung gut planen. Benutzen Sie diese in Ihrem Hotelzimmer, besseren Restaurants oder Fast-food-Ketten. An Busterminals und in einfachen Restaurants kann es recht scheußlich werden ...

Es gibt entweder Hocktoiletten oder normal aussehende, aber zu kleine (sitzende Männer aufgepasst!) Kloschüsseln mit, aber meist ohne Klobrille. Toilettenpapier sollte nicht erwartet werden, da hierzu traditionell Wasser und die linke Hand benutzt werden.

Da es manchmal jedoch nicht möglich ist, die Natur zu ignorieren, haben wir hier ein paar rettende Worte zusammengestellt.

Asa man ang C. R. dinhi?
wo ! die Toilette hier
Wo finde ich (denn) hier eine Toilette?

C. R. ist die Abkürzung für engl. comfort room *und wird „tzi-ar" ausgesprochen.*

Asa man pwede mopalít toilet paper?
wo ! kann Z-kaufen Toilette Papier
Wo kann ich etwas Toilettenpapier kaufen?

ilo nga papél *Po-Reiniger dass Papier*	Toilettenpapier
lingkoránan sa iniduro *Stuhl in Toilette*	Klobrille

Pwede ka mohulát sa ako?
können du Z-warten bei ich
Können Sie bitte auf mich warten?
(fragt man den Busfahrer beim Zwischenstopp)

Mag-C.R. sa ko.
Z-Toilette jetzt-aber ich
Ich muss auf die Toilette.

An den Toilettentüren steht Lalake oder Men (Männer) und Babae oder Women (Frauen).

Öffentliche Bedürfnisanstalt

Schimpfen & Fluchen

In diesem Kapitel stellen wir Wörter und Ausdrücke vor, die man besser nicht benutzen sollte, und schon gar nicht als Tourist/in. In bestimmten Stress-Situationen hört man sie jedoch, und es kann sich als sehr hilfreich erweisen, sie zu verstehen. Machen Sie aber stets einen großen Bogen um streitende Filipinos, da ihr Temperament unberechenbar sein kann.

Dili gyud ko ganáhan ana.
nein wirklich ich Z-Lust-haben jenes
Das gefällt mir überhaupt nicht

Sayóp gyud na.
falsch wirklich dann
Das ist total daneben.

Dili ana!
nein jenes
So nicht!

Kalímti na!
vergessen-werden dann
Vergiss es!

iyót	Sex
bastos	versaut
kauwagán	geil, derb
utó-uto	blöd
walá sa mood	mies drauf sein
nicht-gibt in Laune	
buang	verrückt

bakákon	Lügner
yawa	Teufel
satanás	Satan
bilát iyang ina	Hurensohn
Vagina seine-dass Mutter	
palahúbog	Säufer
babaéro	Schürzenjäger
hambogéro/-a	Angeber/-in
postúra	Schickimicki
kiatán	Flittchen
puta	Hure

Walá kay labot!
nicht-gibt du eingeschlossen
Das geht dich nichts an!

Pahawa!
lass-verschwinden
Hau ab!

hayóp	Tier
mangtas	Monster
daotán!	schrecklich!

Ausdrücke wie „Tier“, „Monster“ und „schrecklich“ werden in Deutschland oftmals zur harmlosen Neckerei benutzt. Auf den Philippinen wird so etwas aber als ernsthafte Beleidigung aufgenommen.

Sollte ein Mann aufdringlich werden, ignoriert man ihn als Frau am besten.

Dringende Hilferufe

Tabang!	Hilfe!	**Bantay!**	Vorsicht!
Sunog!	Feuer!	**Agáy!**	Aua!
Pagbántay!	Pass auf!		

Pwede ba magpatábang?
können ? Z-lass-helfen
Kann mir jemand helfen?

Kinahánglan ko ug tabang, dalí.
benötigen ich eine Hilfe schnell
Ich brauche Hilfe, schnell.

Naaksidénte ko.
GV-Unfall-haben ich
Ich hatte einen Unfall.

Gikawátan ko.
GV-bestohlen-werden ich
Man hat mich beraubt.

Naá ra ang kawatán!
es-gibt nur der Dieb
Da läuft der Dieb!

Nawála ang akong bagáhe!
fehlen das mein-dass Gepäck
Mein Gepäck ist verloren!

Palíhog tawag ang polís.
bitte rufen die Polizei
Rufen Sie bitte die Polizei.

Asa man ko pwede makatáwag sa telépono?
wo ! ich können können-rufen in Telefon
Wo kann ich schnell mal telefonieren?

Literaturhinweise

Falls Sie hoffen, hier ein deutschsprachiges Lehrbuch des Cebuano zu finden, müssen wir Sie leider enttäuschen und auf englische Werke verweisen. Aber auch diese haben es teilweise in sich.

Sollten Sie Cebuano weiterführend lernen wollen, ist es anzuraten, dies persönlich in Davao auf Mindanao zu tun, wo es eine entsprechende Sprachschule gibt.

Die hier genannten Bücher / Schriften sind nicht über den Reise Know-How Verlag erhältlich.

Wolff, John U.: Beginning Cebuano. Yale University Press, 1966 / 1968

Diesem zweibändigen Buch dürfte man wohl nur im Antiquariat oder einer guten Bibliothek begegnen. Es erklärt in sehr umfassender Weise die Details der cebuanischen Sprache und geht schon am Anfang gnadenlos tief in die Grammatik. Recht heftig für „Beginning ...“

Bunye, Maria Victoria R. & Yap, Elsa Paula: Cebuano for Beginners. University of Hawaii Press, 1971

Angenehmer für den Anfänger ist da schon diese Veröffentlichung. Sie ist ein Teil der PALI Sprachserie, die im Auftrag der amerikanischen Peace Corps erstellt wurde, und ist für den Unterricht im Klassenzimmer gedacht. Sie umfasst 45 Unterrichtsstunden mit Dialogen, Grammatik, Vokabular und Übungen. Zu bestellen über den „ERIC Document Reproduction Service (EDRS)“ in den USA. Die ERIC-Bestellnummer ist ED239485, *und die Kosten belaufen sich auf schlappe $150 ohne Fracht, falls es Ihnen das wert ist. Hier findet man auch einige Cebuano-Reproduktionen von John Wolff:* **www.eric.ed.gov**

Räisänen, Anssi & Nida: A Handbook of Cebuano. Lulu Press, 2007.
Kein in Lektionen aufgebautes klassisches Lehrbuch, sondern ein Handbuch (gute Grammatik, thematisch geordnetes Wörterbuch, Phrasen).

Tanangkingsing, Michael: A Functional Reference Grammar of Cebuano. Lambert, 2011.
Eine kompromisslos akademische Grammatik in zwei Bänden (Dissertation in Linguistik). Für Laien ziemlich unverständlich, aber sehr detailliert. Auch online: **www.floridalinguistics.com**

Ein weiteres, praktisch ausgerichtetes Lehrwerk ist z. Z. in der Entwicklung: Jessie Grace Rubrico: Magbinisaya kita. *Modul 1 ist 2009 erschienen und umfasst Lehrbuch* (Primer 1), *Phrasebook und Audio-CD. Geplant sind insgesamt vier Module (eventuell in Form von E-Books).*

Dann gibt es jede Menge Cebuano-Englisch-Wörterbücher, die oft zusätzlich Tagalog enthalten. Diese können Sie einfach und günstig in den Buchläden der Philippinen erwerben. Die inhaltliche Qualität ist nicht in jedem Fall garantiert, aber immerhin sind diese Wörterbücher oft sehr belustigend. Eine bessere Qualität bekommen Sie mit diesem Werk:

Es stehen auch mehrere Online-Wörterbücher des Cebuano im Netz, so z. B. www.binisaya.com/cebuano

Wolff, John U.: A Dictionary of Cebuano Visayan. Cornell University, 1972
In zwei Bänden, 1164 Seiten mit Anhang. Schwer zu finden und wenn, dann extrem teuer.

Deutsch – Cebuano

Carcar, Cebu

Die Wörterlisten enthalten einen ***Grundwortschatz*** *Deutsch – Cebuano und Cebuano – Deutsch. Dabei wurde auf die Nennung von* ***Zahlen, Farben, Wochen-, Monatsnamen*** *sowie* ***Spezialvokabular*** *aus den einzelnen Kapiteln verzichtet.*

Tätigkeitswörter *werden nur unter ihrem Stamm ohne Zeitsilbe aufgeführt.*

Englische Wörter *in originaler Schreibweise werden wie im Englischen ausgesprochen und sind mit dem Kürzel „engl." gekennzeichnet.*

Aus dem ***Spanischen*** *kommende Wörter sind in der Schreibweise dem Cebuano angepasst und sind daher nicht extra gekennzeichnet.*

A

Abend gabíi
Abendessen paniháрon
abends sa gabíi
aber peró
Abschied panamílit
Adresse adrés
ähnlich paréha
Alkohol alkohol
alle(s) tanán
als (Vergleich) mas ... (+ Tätigkeitswort) sa
alt (Gegenstand) daan; **(Person)** tigúlang
Alter (Lebens-) edád
andere(r) uban, lain (pa)
anfangen sugod
Angestellter empleyádo
Angst kahádlok
anhalten hunong
ankommen abót
anrufen tawág
Ansichtskarte post card (engl.)
Antwort pagtubág
antworten tubág
Anzahl kadaghanón
Anzeige pahíbalo
anziehen, sich sul-ot
Apotheke parmásya, botíka
Arbeit trabáho
arbeiten trabáho
arm pobre
Armee kasundálohan
Arzt doktór
Aschenbecher ashtray (engl.)
aua! agáy!
auch pud, sab
auf ibábaw sa
Aufenthalt pagpúyo
aufhören hunong
aufstehen bangon
aus(geschaltet) palong
Ausflug ekskursyón
Ausfuhr export (engl.)
Ausgang gawasánan
ausgezeichnet maáyo kaáyo
Ausländer langyaw
ausprobieren suláy
Ausreise paglárga
ausruhen, sich reláks
außerhalb von gawás sa
aussteigen (aus) náog
auswählen pili
Ausweis pasapórte
ausziehen, sich hubo
Auto kotse

B

Bäckerei bakery (engl.)
Bad banyo
baden ligo
Badezimmer banyo
bald hapit na
Balkon balkon
Bank (Geld / Sitz-) bangko
Bauer mag-úuma
Baum kahoy
Baumwolle gapas
Beamter empleyádo
bedeuten pasabot
Bedeutung kahulógan

beenden paghúman
beginnen sugod
bei sa
bekannt híbaloan
bekommen dawat
belästigen distúrbo
Belohnung premyo
benachrichtigen pahíbalo
benutzen gamit
Benzin gasolína
Berg bukid
berühmt sikát
bescheiden mapaubsánon
Bescheinigung resíbo
Beschwerde reklámo
Besen silhig
besetzt busy (engl.)
besitzen gipanag-íya
Besitzer tag-íya
besser mas maáyo
bestechlich kurákot
Bestechung(sgeld) hukip
bestellen order (engl.)
Besuch, besuchen bisíta
beten ampo
betrunken hubóg
Bett higdaánan, kama
bevor sa dili pa
bezahlen bayad
Bibel bibliya
Bier beer (engl.)
Bild hulágway
billig baráto
bis (zeitl.) hangtod
bisschen gamáy
Bitte pamalíhog
bitte! palíhog!
bitter paít
Blatt (Papier) papél
bleiben puyó
Bleistift lapis
bloß lang
Blume bulak
Botschaft embaháda
Botschafter ambássador (engl.)
brauchen kinahánglan
Braut kaslonón nga babáe
Bräutigam kaslonón nga laláki
breit luág
Brief sulát
Briefkasten mail box (engl.)
Briefumschlag sobre
bringen dalá, dad-a
Brücke tuláy
Bruder igsóon nga laláki
Brunnen fountain (engl.)
Buch libro
Buchstabe letra
bügeln plantsa
bunt dekolór
Büro opisína
Bus bus (engl.)
Bushaltestelle bus stop (engl.)

C

Chef boss (engl.)
Christ Kristiyáno
Christentum Kristiyanísmo
Cousin(e) ig-ágaw

D

Dach atóp
damals kaniádto
danach pagkáhuman
danken salámat
dass nga
Datum petsa
Decke (Woll-) habol
denken hunahúna
deutsch, Deutsche(r) alemán
Deutschland Alemánya
Devisen foreign currency (engl.)
Dialekt lengguwáhe
dick tambok
Dieb kawatán
dieser kiní
Ding butáng
Direktor diréctor (engl.)
Dollar dolyár
dolmetschen hubad, transleyt
Dolmetscher tighubad
Dorf baryo, balángay
dort didto
draußen sa gawás
drinnen sa sulód
duftend humót
dumm tonto
dünn niwáng
Durchfall igít
durstig uháw
Dusche shower (engl.)
Dutzend doséna

E

Ehefrau asáwa

Ehemann bana
eilig dalí-dalí
einfach simple (engl.)
Eingang entráhan, agiánan
einladen imbitá
Einladung imbitasyón
Einschreiben (Brief) regístered mail (engl.)
einsteigen sulód
einverstanden kasabótan
Einwohner lumulúpyo
Eis ice (engl.)
Eisen iron (engl.), yero
elektrisch eléktrik
eng hugót, piót
englisch English (engl.), ingles
Entschuldigung! excúse (engl.)
entwickeln (Film) devélop (engl.)
Entzündung inpéksyon
Erde kalibótan; **(Boden)** yuta
Erfolg kalampósan
erinnern (jmd.) pahinúmdom; **sich** hinúmdom
Erinnerung panumdóman
Erkältung sip-on
erklären espliká
erlauben tugót
erster priméro
erzählen istórya
essen kaon
Essen pagkáon
Etage andána
Europa Európa
Europäer taga-Európa

F

fahren sakáy; **(lenken)** maného
Fahrer drayber
Fahrkarte tiket
Fahrpreis plete, bayad
falsch sayóp
Familie pamílya
Farbe kolór
Fass baríl
fast hapit
fasten puása
faul (Verhalten) tapolan
Feier pista
Feiertag bakasyón
Feld yuta
Fenster bentána
Ferien bakasyón
fertig humán (na)
Feuer sunog
Fieber hilánat
finden nakít-an
Firma kompánya
Flasche botélya
fliegen lupád
Flugzeug eropláno
Fluss subá
Foto litráto
fotografieren kodak
Frage pangutána
fragen kutána
Frau babáe; **(Anrede)** Misis (engl.)
Fräulein (Anrede) Miss (engl.)
frei libre; **(unbesetzt)** bakánte
Freiheit kagawásan
Freund amígo, higála
Freundin amíga
Frieden kalínaw
Friedhof mentéryo
frisch lab-as, presko
Friseursalon parlor (engl.)
froh malipáyon
früh sayó
Frühstück pamáhaw
frühstücken namáhaw
Führerschein lisénsya sa pagdrayb
füllen punó
für para
Furcht kahádlok
fürchten, sich hádlok
Fuß: zu F. gehen baklay

G

Gabel tinidór
Garten luyó sa balay, hardín
Gast bisíta
Gastfreundschaft pagkama-abiabíhon
geben hatag; **es gibt** naá
Gebet pag-ámpo
Gebirge kabukíran
gebrochen (Knochen) bali
Geburtstag adlaw nga natáwhan
Gedanke panghunahuna
Geduld pasiyénsiya
geduldig pasyénte
Gefängnis prisuhán

gegenteilig sukwahí
gegenüber sa pikas
Gehalt sweldo
gehen adto;
(laufen) lakáw
geizig kurípot
Geld kwarta
Geldwechsler money changer (engl.)
genau eksákto
Genehmigung permíso
genug igo (na)
geöffnet abri
Gepäck bagáhe
gerade pares
geradeaus derétso
Geschäft tindáhan
Geschenk regálo
geschlossen sarádo
Gesetz baláod
gestern kagahápon
Gesundheit panglawas
Gewicht kabúg-aton
gewiss segurádo
Gewohnheit batásan
gewöhnlich kasagáran
Glas (Material) bildo;
(Trink-) aso
glauben tuo
gläubig tumutúo
Glück kaayóhan
glücklich malipáyon
Glückwunsch! congráts! (engl.)
Glühbirne bombílya
Gold buláwan
Gott Ginóo
Grammatik gramar
grausam salbáhis
Grenze border (engl.)
Grippe flu (engl.)
groß dakó, taas
Größe kadakuón
Großmutter lola
Großvater lolo
Grund (Anlass) okasyón
Gruß pangumústa
grüßen kumusta
gültig valid (engl.)
Gürtel bakós
gut maáyo

H

Haar buhók
haben adúna, naá
halb, Hälfte tungá
Haltestelle hunongánan
Hammer martílyo
Händler tindéro
Händlerin tindéra
Handtuch toálya
hässlich pangit
Hauptstadt kapital
Haus baláy
Heft libríto
heilig, Heiliger santos
heiraten minyo
heiß init
heißen: das heißt kaná nagpásabot
helfen tabang
hell (erleuchtet) hayag
Herr Mister (engl.)
heute karong adláwa
hier dinhi
Hilfe panábang
Himmel langit
hinlegen higda
hinten likód
hoch habog
Hochzeit kasál
hoffen asa
hoffentlich puhón
Hoffnung pag-ása
höflich matinahóron
holen kuha
Holz kahoy
hören namínaw
Hotel hotél (engl.)
hübsch nindot
Hund iró
hungrig gutom
husten, Husten ubó

I

Idee hunahúna
immer pirmi
in sa
Industrie indústriya
informieren pahíbalo
Ingenieur inhenyéro
Insel isla
intelligent utokán
interessant interesánte
irgendwann bisag kanús-a
irgendwas bisag unsa
irgendwer bisag kinsa
irgendwo bisag asa

J

ja oó
Jahr tuig
Jahreszeit sison
jährlich kada-tuig
jede(r) kada-usa
jetzt karón
Jugend kabatán-on

Jugendlicher batán-on
jung bata
Junge batang laláki

K

Kaffee kapé
Kalender kalendáryo
kalt tugnaw
Kälte katúgnawon
Kamera kamera
Kamm sudlay
kaputt nadáot
Katze iríng
kaufen palít
keine(r) walá
Kellner weyter
kennen naíla
kennenlernen ilaíla
Kerze kandíla
Kette kadéna
Kind bata
Kirche simbahán
Kissen unlan
Kiste karton
Kleidung sinína
klein gamáy
Kleingeld sensílyo
Klingel, klingeln bosína
klopfen túktok
kochen luto
Koffer maléta
Kollege kaúban sa trabáho
kommen anhi, abót;
komm her! dalí dirí!
kompliziert komplikádo
können mahímo
Konsulat konsuládo
kontrollieren, Kontrolle kontról
kosten (Preis) kantidad;
(probieren) tilaw
kostenlos libre
Kraft kusog
krank nasakít
Krankenhaus hospital (engl.)
Krankheit sakít
Kreuzung krosing
Krieg gubat
Küche kosína
Kugelschreiber ballpen (engl.)
Kuh baka
kühl bugnaw
Kühlschrank ref
Kunst arte
Künstler artísta
kurz mubó
Kuss halok
küssen paghálok

L

lächeln pahiyom
lachen katáwa
Laden tindáhan
Lage lokásyon
Laken habol
Lampe sugá, lampara
Land nasod
Landkarte mapa
Landwirtschaft agrikultúra
lang taas
langsam hinay
langweilig sumó
lassen (sein l.) paságdan
laufen lakáw
leben búhi
Leben kinabúhi
Lebensmittel pagkáon
ledig (Frauen) dalága;
(Männer) ulitáwo
leer waláy sulód, basíyo
Lehm clay (engl.)
lehren tudlo
Lehrer magtutúdlo
leicht gaán
leidtun kasúbo
lernen tuón
lesen basa
letzte(r) ulahi
Leute mga tawo
Licht kahάyag
Liebe gugma
lieben higúgma
Lied kanta
liegen higda
Linie linya
links desilya, wala
Löffel kutsára
los! paspas
Luft hangin
Luftpost airmail (engl.)
Lüge, lügen bakák
Lügner bakákon

M

machen himo
Mädchen batang babáe
mahlen galíng
malen pintal
manchmal usáhay
Mann laláki
Markt merkádo
Märtyrer martír
Maschine makina
Matratze kutson

Maus ilagá
Medikament tambal
Meer dagat
mehr dugang
Meinung opinyón
Mensch tawo
merkwürdig lahí
Messer kutsílyo
Miete, mieten abang
militärisch militáry (engl.)
Minister minístro
Ministerium ministry (engl.)
Minute minúto
mit uban, kaúban ni
Mittag udto
Mittagessen paniúdto
Mitte tungá
Mitternacht tungáng gabii
modern modérno
möglich posíble, pwede
Monat, Mond bulan
morgen ugma
Morgen buntag
morgens sa buntag
Moschee moske
Motorrad motór
müde kapoy
Müll basúra
Münzgeld sensílyo
Museum muséum (engl.)
Musik musíka
müssen kinahánglan
Mutter inahán

N

nach (örtl.) sa; **(zeitl.)** pagkahumán
Nachbar silíngan
Nachmittag hapon
Nachricht balíta
nächste(r) sunód
Nacht gabíi
nahe duól
Name ngalan
nass basá
national nasyonal
Nationalität nasyonálidad
Natur kinaiyáhan
natürlich naturál
neben abay
Neffe pag-umángkon nga laláki
nehmen kuha, tomár
nein dili
nett buótan
neu bag-o
Nichte pag-umángkon nga babáe
nichts waláy unsa
niemals dili gyud
niemand waláy tawo
noch (n. einmal) utro
Norden amihánan
normal normál
notwendig kinahánglan
Nummer numeró
nur ra, maó ra, lang
Nutzen pulós
nützlich mapuslánon
nutzlos waláy pulós

O

oben sa taas
Obst prutas
oder o
offiziell, Offizier opisyál
öffnen abrí
oft makadághan
ohne dili kaúban, walá
okay sige
Onkel tiyó
organisieren orgánisa
Ort lugár, baryo
Osten silángan
Österreich Austria (engl.)
Österreicher(in) Austrian (engl.)

P

Paar pares
Päckchen package (engl.)
Paket karton
Palmblatt lukáy
Palme palma
Papier papél
Park parke
parken parking (engl.)
Partei party (engl.)
Person tawo
Pferd kabáyo
pfui! eee!
Plan plano
Plastik plastik
Plastiktüte plastik bag (engl.)
Platz lugár
Politik polítika
politisch polítikal
Polizei, Polizist polís
Porto bayad para sa sulát
Post sulát
Postamt post office (engl.)
Postkarte post card (engl.)

Preis presyo
privat pribádo
Problem probléma
Programm program (engl.)

Q

Qualität kalidád
Quelle spring (engl.)
Quittung resíbo

R

Radio radyo
Rauch aso
rauchen sigarílyo
rau gansalon
Raum kwarto
Rechnung bill (engl.)
Recht katungód; **R. haben** insákto
rechts demáno, tuo
reden istórya
Regen ulan
Regierung gobyérno
registrieren register (engl.)
regnen ulan
reich dato
reinigen limpyo
Reise, reisen biyáhe
Reisender tawo nga nagbiyáhe
Reisescheck traveler's check (engl.)
Religion relíhiyon
Reparatur pagtúl-id
reparieren tul-id
Republik repúblika
reservieren resérba
Restaurant restawrán, kan-ánan
Rezept resipe
richtig korék
Richtung direksyón
Ring singsing
Rückkehr pagbálik
rückständig daan
rufen tawág
rund lingin

S

Sache butáng
sagen sulti, ingon
Sand balás
satt busóg
sauber limpyo
Sauberkeit kalímpyo
sauer aslom
schaden daot
Schaden kadáot
Schande kaúlaw
scharf (Klinge) hait; **(Gewürz)** halang
Schatten landong
schauen tan-aw
Scheck tseke
schicken padala
Schiff barko
Schlaf katúlog
schlafen tulog
Schlafmatte baníg
Schlafzimmer kwarto
schlecht daotán
schließen sira
Schlüssel yabi
schmal hagíp-ot
Schmerz sakít
schmerzhaft nasakít
schmutzig hugaw
Schnee snow (engl.)
schneiden putól
schnell paspas, dalí
schön gwapo/-a, nindot
Schrank kabinét, aparador
schreiben sulát
Schuh sapátos
Schule eskweláhan
schweigen hilom
Schwein baboy
Schweiß singót
Schweiz Switzerland (engl.)
Schweizer(in) Swiss (engl.)
schwer (Gewicht) bug-at
Schwester igsóon nga babáe
schwierig lisód
Schwierigkeit kalisód
schwimmen langoy
schwitzen singót
See lanaw, lake (engl.)
sehen kita
Seide silk (engl.)
Seife sabón
seit sugod sa; **s. langem** sugod kaniádto
Seite pahína
Sekunde segúndo
setzen lingkod
sicher segurádo
Silber silver (engl.)
Sitte kustómbre
sitzen lingkod
Sitzplatz lingkoránan
Sofa sopá
sofort dayon

Sohn anak nga laláki
Soldat sundálo
sollen kinahánglan
Sommer tag-init
Sonne adlaw
spät ulahi
Speise pagkáon
Spiegel salamín, espého
spielen dula
Sport ispórt
Sprache lengguwáhe
sprechen istórya, sulti
Spritze (engl.) syringe
Staatsangehörigkeit nasyonálidad
Stadt lungsod, dakbayan; **(Klein-)** bayan
Stamm (Volks-) tribo
stark kusgan
stehen tindog
stehlen kawat
Stein bató
sterben matay
Stern bitúon
Stimme tingog
stinkig bahó
Stoff (Textil) panápton
stolz magarbóhon
Strafe silot, kastigo
Straße kalye, dalan
Stück buók
Student estudyánte
Stuhl silya
stumpf habol
suchen pangíta
Süden habágatan
süß tam-is

T

Tabak tabáko
Tablette tablétas
Tag adlaw
täglich kada-ádlaw
tagsüber sa adlaw
Tankstelle gas station (engl.)
Tante tiyá
Tanz, tanzen sayaw
Tasche bag (engl.)
Taschentuch tisyu
Tasse tasa
taub bungól
tauschen baylo
Taxi taksi
Tee tsa
Telefon telépono
Teller plato
Teppich karpet
teuer mahál
Teufel satanás
Theater teátro
tief lalóm
Tier mananáp
Tisch lamésa
Tochter anak nga babáe
Tod kamatáyon
Toilette kasílyas, C.R. (Abk. f. comfort room)
tot, töten patáy
Tourist turísta
tragen dalá
traurig masulúb-on
Treppe hagdanán
trinken inóm
Trinkgeld tip (engl.)
trocken ugá
trotzdem bisan pa
tschüss! babay!
Tür pultahán
Turm tore

U

über (örtl.) ibábaw sa; **(Thema)** bahin sa
überall bisan asa
übermorgen sunód ugma
übersetzen hubad, transléyt
Übersetzer tighubad
üblicherweise kasagáran
Uhr orasán, reló
Umwelt palíbot
und ug
Unfall aksidénte
ungefähr mokábat
Universität unibérsidad
unmöglich imposíble
unten ubós
Unterschied kalaínan
unterschreiben, Unterschrift pirma
untersuchen eksámin
Urlaub bakasyón
Ursache: keine U.! waláy sapayán

V

Vater amahán
Ventilator bentiladór
verantwortlich responsáble
verbieten did-an
verboten ginadíli
Verbrechen krimen
vergessen limot

verheiratet minyo
verkaufen balígya
verlangen pangáyo
verlängern patás-an
verletzt nasámad
Verletzung samad
verlieren (Spiel) pildi;
(jemanden) nawala
verrückt buang
Versicherung insyúrans
verspäten, sich naulahi
verstehen sabót, kasabót
versuchen suláy
verwenden gámit
Verzeihung! tabí!
viel daghan
vielleicht segúro, tingáli
Visum bisa
Vogel langgam
Volk katáwhan
voll punó
von (... her) gikan
vor (örtl.) atubángan sa;
sa dili pa
vorbereiten andam
vorgestern
adtong usa ka adlaw
Vormittag buntag
Vorname unang ngalan
Vorschlag sugyot

W

Waage timbangán
wahr tinúod
Wahrheit kamatuóran
Wald lasáng
wann? kanus-a?
Ware prodúkto
warm init
warten hulat
warum? ngano?
was? unsá?
waschen hugas
Wasser tubig
Watte gapas
wechseln ilis
wecken mata
Weg agiánan
wegen tungód sa
wehtun sakít
weil kay, tungód
Wein bino
weinen hilak
weit luág;
(entfernt) layó
Welt kalibótan
wenig gamáy
wenn (falls) kung
wer? kinsa?
Westen kasádpan
Wetter panahón
wichtig importánte
wie? unsáon?, giunsa?
w. weit? unsá kalayó?;
wie (Vergl.) paréha sa
wieder, wiederholen
usáb, utro
wieviel? pila?, tagpila?
Wind hangin
wissen kabaló
wo? asa?
Woche semána
woher? asa gikan?
wohin? asa paingón?
wohnen puyo
Wohnung apartment
(engl.)
Wohnzimmer sala
Wolke pangánod
Wort pulong
Wörterbuch diksyonáryo
Wunde samád
wünschen hináot

Z

Zahl numeró
zählen ihap
Zahnarzt dentísta
Zahnbürste sepílyo
Zahncreme kulgit
Zeichen sinyas
zeigen tudlo
Zeit panahón
Zeitung pamántalaan
Zelt tent (engl.)
zelten kamping
Zentrum senter
zerbrechen buák
Zeuge saksi
Ziel tumóng
ziemlich murág
Zigarette sigarílyo
Zimmer kwarto
Zoll kustom
Zukunft
umaábot nga panahón
zurück balik
zurückgeben uli
zurückkehren balik
zusammen kaúban
zweifellos waláy duda

A

abang Miete, mieten
abay neben
abót (an)kommen
abrí öffnen, geöffnet
adlaw Sonne; Tag
a. nga natáwhan Geburtstag;
adtong usa ka a. vorgestern
adrés Adresse
adto gehen
adúna haben
agáy! aua!
agiánan Weg, Eingang
agrikultúra Landwirtschaft
akó ich
aksidénte Unfall
alemán deutsch, Deutsche(r)
Alemánya Deutschland
amahán Vater
ambássador (engl.) Botschafter
amíga Freundin
amígo Freund
amihánan Norden
ampo beten
anak: a. nga babáe Tochter;
a. nga laláki Sohn
andam vorbereiten
andána Etage
anhi kommen
aparador Schrank
arte Kunst
artísta Künstler
asa hoffen
asa? wo?
a. gikan? woher?
a. paingón? wohin?
asáwa Ehefrau
ashtray (engl.) Aschenbecher
aslom sauer
aso Rauch
atóp Dach
atubángan (sa) vor (örtl.)
Austria (engl.) Österreich
Austrian (engl.) Österreicher(in)

B

babáe Frau
babay! tschüss!
baboy Schwein
bag (engl.) Tasche
bagáhe Gepäck
bag-o neu
bahin (sa) über (Thema)
bahó stinkig
baka Kuh
bakák lügen, Lüge
bakákon Lügner
bakánte frei (unbesetzt)
bakasyón Feiertag, Urlaub, Ferien
bakery (engl.) Bäckerei
baklay zu Fuß gehen
bakós Gürtel
balángay Dorf
baláod Gesetz
balás Sand
baláy Haus
bali gebrochen (Knochen)
balígya verkaufen
balik zurück, zurückkehren
balíta Nachricht
balkon Balkon
bana Ehemann
bangko Bank (Geld / Sitz-)
bangon aufstehen
baníg Schlafmatte
banyo Bad, Badezimmer
baráto billig
baríl Fass
barko Schiff
baryo Dorf, Ort
basa lesen
basá nass
basíyo leer
baso (Trink-)Glas
basúra Müll
bata jung, Kind;
batang babáe Mädchen;
batang laláki Junge
batán-on Jugendlicher
batásan Gewohnheit
bató Stein
bayad bezahlen, Fahrpreis;
b. para sa sulát Porto
bayan Kleinstadt
baylo tauschen
bentána Fenster
bentiladór Ventilator
bibliya Bibel
bildo Glas (Material)
bill (engl.) Rechnung
bino Wein
bisa Visum

bisag: b. asa irgendwo;
b. kanús-a irgendwann;
b. kinsa irgendwer;
b. unsa irgend etwas
bisan: b. asa überall;
b. pa trotzdem
bisíta besuchen, Besuch, Gast
bitúon Stern
biyáhe Reise, reisen
bombílya Glühbirne
border (engl.) Grenze
bosína Klingel, klingeln
botélya Flasche
botíka Apotheke
buák zerbrechen
buang verrückt
bug-at schwer (Gewicht)
bugnaw kühl
búhi leben
buhók Haar
bukid Berg
bulak Blume
bulan Mond, Monat
buláwan Gold
bungól taub
buntag Morgen, Vormittag
buók Stück
buótan nett
bus (engl.) Bus;
b. stop Bushaltestelle
busóg satt
busy (engl.) besetzt
butáng Ding, Sache

C

clay Lehm (engl.)
congráts (engl.) Glückwunsch!
copper (engl.) Kupfer
C.R. (comfort room) Toilette

D

daan alt, rückständig
dad-a (hin)bringen
dagat Meer
daghan viel
dakbayan (Groß-)Stadt
dakó groß
dalá bringen, tragen
dalága ledig (Frauen)
dalan Straße
dalí schnell;
d.-dalí eilig;
d. dirí! komm her!
daot schaden
daotán schlecht
dato reich
dáwat bekommen
dayon sofort
dekolór bunt
demáno rechts (abbiegen)
dentísta Zahnarzt
derétso geradeaus
desílya links (abbiegen)
devélop (engl.) entwickeln
did-an verbieten
didto dort
diksyonáryo Wörterbuch
dili nein;
d. gyud niemals;
d. kaúban ohne;
sa d. pa bevor, vor (zeitl.)
dinhi hier
diréctor (engl.) Direktor
direksyón Richtung
distúrbo belästigen
doktór Arzt
dolyár Dollar
doséna Dutzend
drayber Fahrer
duda: waláy d. zweifellos
dugang mehr
dula spielen
duól nahe

E

edád Alter (Lebens-)
eksákto genau
eksámin untersuchen
ekskursyón Ausflug
eléktrik elektrisch
embaháda Botschaft
empleyáda/o Angestellte(r), Beamte(r)
entráhan Eingang
eropláno Flugzeug
eskweláhan Schule
espého Spiegel
espliká erklären
estudyánte Student
Európa Europa
excúse (engl.) Entschuldigung!
export (engl.) Ausfuhr

F

flu (engl.) Grippe
foreign currency (engl.) Devisen
fountain (engl.) Brunnen

G

gaán leicht

gabíi Abend, Nacht
galíng mahlen
gamáy klein, wenig, bisschen
gámit verwenden
gansalon rau
gapas Baumwolle, Watte
gas: g. station (engl.) Tankstelle
gasolína Benzin
gawás (sa) außerhalb; **sa g.** draußen
gawasánan Ausgang
gikan von ... her
ginadíli verboten
Ginóo Gott
gipanag-íya besitzen
giunsa? wie?
gobyérno Regierung
gubat Krieg
gugma Liebe
gutom hungrig
gwapo schön

H

habágatan Süden
habog hoch
habol Wolldecke, Laken; stumpf
hadlok sich fürchten
hagdanán Treppe
hagíp-ot schmal
hait scharf (Klinge)
halang scharf (Gewürz)
halok Kuss
hangin Luft, Wind
hangtod bis (zeitl.)
hapit fast; **h. na** bald
hapon Nachmittag
hardín Garten
hatag geben
hayag hell (erleuchtet)
híbaloan bekannt
higála Freund
higda liegen, hinlegen
higdaánan Bett
higúgma lieben
hilak weinen
hilánat Fieber
hilom schweigen
himo machen
hináot wünschen
hinay langsam
hinúmdom sich erinnern
hospital (engl.) Krankenhaus
hotél (engl.) Hotel
hubad übersetzen, dolmetschen
hubo sich ausziehen
hubóg betrunken
hugas waschen
hugaw schmutzig
hugót eng
hukip Bestechung(sgeld)
hulágway Bild
hulat warten
humán (na) fertig
humót duftend
hunahúna denken, Idee
hunong anhalten, aufhören
hunongánan Haltestelle

I

ibábaw (sa) auf, über (örtl.)
ice (engl.) Eis
ig-ágaw Cousin(e)
igít Durchfall
igo (na) genug
igsóon: i. nga babáe Schwester; **i. nga laláki** Bruder
ihap zählen
ikáw du
ilagá Maus
ilaíla kennenlernen
ilis wechseln
imbitá einladen
imbitasyón Einladung
importánte wichtig
imposíble unmöglich
inahán Mutter
indústriya Industrie
ingon sagen
inhenyéro Ingenieur
init heiß, warm
inóm trinken
inpéksyon Entzündung
insákto Recht haben
insyúrans Versicherung
interesánte interessant
iríng Katze
iró Hund
iron (engl.) Eisen
isla Insel
ispórt Sport
istórya sprechen, erzählen, reden

K

kaayóhan Glück
kabaló wissen
kabatán-on Jugend
kabáyo Pferd
kabinét Schrank

kabúg-aton Gewicht
kabukíran Gebirge
kada-ádlaw täglich
kadaghanón Anzahl
kadakuón Größe
kadáot Schaden
kada-tuig jährlich
kada-usa jede(r)
kadéna Kette
kagahápon gestern
kagawásan Freiheit
kahádlok Angst, Furcht
kaháyag Licht
kahoy Baum, Holz
kahulógan Bedeutung
kalaínan Unterschied
kalampósan Erfolg
kalendáryo Kalender
kalibótan Erde, Welt
kalidád Qualität
kalímpyo Sauberkeit
kalínaw Frieden
kalisód Schwierigkeit
kalye Straße
kama Bett
kamatáyon Tod
kamatuóran Wahrheit
kamera Kamera
kamping zelten
kan-ánan Restaurant
kandíla Kerze
kaniádto damals
kanta Lied
kantidad kosten (Preis)
kanus-a? wann?
kaon essen
kapé Kaffee
kapital Hauptstadt
kapoy müde
karón jetzt;
karóng adláwa heute
karpet Teppich
karton Kiste, Paket
kasabót verstehen
kasabótan einverstanden
kasádpan Westen
kasagáran gewöhnlich, üblicherweise
kasál Hochzeit
kasílyas Toilette
kaslonón: k. nga babáe Braut;
k. nga laláke Bräutigam
kastígo Strafe
kasúbo leidtun
kasundálohan Armee
katáwa lachen
katáwhan Volk
katúgnawon Kälte
katúlog Schlaf
katungód Recht
kaúban zusammen;
k. (ni) mit;
k. sa trabáho Kollege
kaúlaw Schande
kawat stehlen
kawatán Dieb
kay weil
kinabúhi Leben
kinahánglan notwendig, brauchen, müssen, sollen
kinaiyáhan Natur
kiní dieser
kinsa? wer?
kita sehen
kitá wir (inkl.)
kodak fotografieren
kolór Farbe
kompánya Firma
komplikádo kompliziert
konsuládo Konsulat
kontról kontrollieren; Kontrolle
korék richtig
kosína Küche
kotse Auto
krimen Verbrechen
Kristiyanísmo Christentum
Kristiyáno Christ
krosing Kreuzung
kuha nehmen, holen
kulgit Zahncreme
kumusta grüßen
kung wenn, falls
kurákot bestechlich
kurípot geizig
kusgan stark
kusog Kraft
kustom Zoll
kustómbre Sitte
kutána fragen
kutsára Löffel
kutsílyo Messer
kutson Matratze
kwarta Geld
kwarto Raum, Zimmer, Schlafzimmer

L

lab-as frisch
lahí merkwürdig
lain (pa) andere(r)
lakáw laufen, gehen
lake (engl.) See
laláki Mann
lalóm tief

lamésa Tisch
lampara Lampe
lanaw See
landong Schatten
lang nur, bloß
langgam Vogel
langit Himmel
langoy schwimmen
langyaw Ausländer
lapis Bleistift
lasáng Wald
layó weit (entfernt)
lengguwáhe Sprache, Dialekt
letra Buchstabe
libre frei, kostenlos
librito Heft
libro Buch
ligo baden
likód hinten
limot vergessen
limpyo sauber, reinigen
lingin rund
lingkod sitzen, setzen
lingkoránan Sitzplatz
linya Linie
lisénsya: l. sa pagdrayb Führerschein
lisód schwierig
litráto Foto
lokásyon Lage
lola Großmutter
lolo Großvater
luág breit, weit
lugár Platz, Ort
lukáy Palmblatt
lumulúpyo Einwohner
lungsod Stadt
lupád fliegen
luto kochen
luyó: l. sa balay Garten

M

maáyo gut;
m. kaayo ausgezeichnet
magarbóhon stolz
magtutúdlo Lehrer
mag-úuma Bauer
mahál teuer
mahímo können
makadághan oft
makina Maschine
maléta Koffer
malipáyon froh, glücklich
mananáp Tier
maného fahren, lenken
maó: m. ra nur
mapa Landkarte
mapaubsánon bescheiden
mapuslánon nützlich
martílyo Hammer
martír Märtyrer
masulúb-on traurig
mata wecken
matay sterben
matinahóron höflich
mentéryo Friedhof
merkádo Markt
militáry (engl.) militärisch
minístro Minister
ministry (engl.) Ministerium
minúto Minute
minyo heiraten, verheiratet
Miss (engl.) Fräulein
Misis (engl.) Frau (Anrede)
Mister (engl.) Herr
modérno modern
mokábat ungefähr
moske Moschee
motór Motorrad
mubó kurz
murág ziemlich
muséum (engl.) Museum
musíka Musik

N

naá haben, vorhanden sein, es gibt
nadáot kaputt
naíla kennen
nakit-an finden
namáhaw frühstücken
namínaw hören
naog aussteigen (aus)
nasakít krank, schmerzhaft
nasámad verletzt
nasod Land
nasyónal national
nasyonálidad Staatsangehörigkeit
naturál natürlich
naulahi sich verspäten
nawala verlieren
nga dass
ngalan Name
ngano? warum?
nindot schön, hübsch
niwáng dünn
normál normal
numeró Zahl, Nummer

O

o oder

okasyón Grund, Anlass
oó ja
opinyón Meinung
opisína Büro
opisyál offiziell, Offizier
orasán Uhr
order (engl.) bestellen
orgánisa organisieren

P

padala schicken
pag-ámpo Gebet
pag-ása Hoffnung
pagbálik Rückkehr
paghálok küssen
paghúman beenden
pagkahumán nach (zeitl.), danach
pagkama-abiabíhon Gastfreundschaft
pagkáon Essen, Speise, Lebensmittel
paglárga Ausreise
pagpúyo Aufenthalt
pagtubág Antwort
pagtúl-id Reparatur
pag-umángkon:
p. nga babáe Nichte;
p. nga laláki Neffe
pahíbalo informieren, benachrichtigen, Anzeige
pahína Seite
pahinúmdom (jmd.) erinnern
pahiyom lächeln
paít bitter
palíbot Umwelt
palíhog! bitte!
palít kaufen
palma Palme
palong aus (ein/aus)
pamáhaw Frühstück
pamalíhog Bitte
pamántalaan Zeitung
pamílya Familie
panábang Hilfe
panahón Zeit, Wetter
panamílit Abschied
panápton Stoff (Textil)
pangánod Wolke
pangáyo verlangen
panghunahuna Gedanke
pangit hässlich
pangíta suchen
panglawas Gesundheit
pangumústa Gruß
pangutána Frage
panihápon Abendessen
paniúdto Mittagessen
panumdóman Erinnerung
papél Papier, Blatt (Papier)
para für
paréha ähnlich;
p. sa wie (Vergl.)
pares Paar, gerade
parke Park
parking (engl.) parken
parlor (engl.) Friseursalon
parmásya Apotheke
party (engl.) Partei
pasabot bedeuten
paságdan (sein) lassen
pasapórte Ausweis
pasiyénsiya Geduld
paspas schnell, los!
pasyénte geduldig
patás-an verlängern
patáy tot, töten
permíso Genehmigung
peró aber
petsa Datum
pikas: sa p. gegenüber
pila? wieviel?
pildi verlieren (Spiel)
pili auswählen
pintal malen
piót eng
pirma unterschreiben, Unterschrift
pirmi immer
pista Feier
plano Plan
plantsa bügeln
plastik Plastik
plato Teller
plete Fahrpreis
pobre arm
polítika Politik
polítikal politisch
polís Polizei, Polizist
posíble möglich
post: p. card (engl.) Postkarte, Ansichtskarte
p. office (engl.) Postamt
premyo Belohnung
presko frisch
presyo Preis
pribádo privat
priméro erster
prisuhán Gefängnis
probléma Problem
prodúkto Ware
program (engl.) Programm
prutas Obst
puása fasten
pud auch
puhón hoffentlich
pulong Wort

pulós Nutzen;
 waláy p. nutzlos
pultahán Tür
punó voll, füllen
putól schneiden
puyó bleiben
pwede können, möglich

R

ra nur
radyo Radio
ref Kühlschrank
regálo Geschenk
reklámo Beschwerde
reláks sich ausruhen
relíhiyon Religion
reló Uhr
repúblika Republik
resérba reservieren
resíbo Bescheinigung, Quittung
resipe Rezept
responsáble verantwortlich
restawrán Restaurant

S

sa in, nach, bei, von
sab auch
sabón Seife
sabót verstehen
sakáy fahren
sakít Schmerz, Krankheit, wehtun
saksi Zeuge
sala Wohnzimmer
salámat danken
salamín Spiegel
salbáhis grausam
samad Verletzung, Wunde
santos heilig, Heiliger
sapátos Schuh
sapayán: waláy s.! keine Ursache!
sarádo geschlossen
satanás Teufel
sayaw Tanz, tanzen
sayó früh
sayóp falsch
segúndo Sekunde
segurádo gewiss, sicher
segúro vielleicht
semána Woche
sensílyo Kleingeld, Münzgeld
senter Zentrum
sepílyo Zahnbürste
sigarílyo Zigarette, rauchen
sige okay
sikát berühmt
silángan Osten
silhig Besen
silíngan Nachbar
silk (engl.) Seide
silot Strafe
silya Stuhl
simbahán Kirche
singót Schweiß, schwitzen
singsing Ring
sinína Kleidung
sinyas Zeichen
sip-on Erkältung
sira schließen
sison Jahreszeit
snow (engl.) Schnee
sobre Briefumschlag
sopá Sofa
subá Fluss
sudlay Kamm
sugá Lampe
sugod anfangen, beginnen;
 s. sa seit;
 s. kaniádto seit langem
sugyot Vorschlag
sukwahí gegenteilig
sulát schreiben, Brief, Post
suláy versuchen, ausprobieren
sulód einsteigen;
 sa s. drinnen;
 waláy s. leer
sulti sagen, sprechen
sumó langweilig
sundálo Soldat
sunód nächste(r);
 s. ugma übermorgen
sunog Feuer
sul-ot sich anziehen
sweldo Gehalt
syringe (engl.) Spritze

T

taas lang, groß;
 sa t. oben
tabáko Tabak
tabang helfen
tabí! Verzeihung!
tablétas Tablette
taga-Európa Europäer
tag-init Sommer
tag-íya Besitzer
tagpila? wieviel?
taksi Taxi

tambal Medikament
tambok dick
tam-is süß
tanán alle(s)
tan-aw schauen
tapolan faul (Verhalten)
tasa Tasse
tawág rufen, anrufen
tawo Mensch, Person;
mga t. Leute;
t. nga nagbiyáhe Reisender;
waláy t. niemand
teátro Theater
telépono Telefon
tent (engl.) Zelt
tighubad Übersetzer, Dolmetscher
tigúlang alt (Person)
tiket Fahrkarte
tilaw kosten, probieren
timbangán Waage
tindáhan Laden, Geschäft
tindéra Händlerin
tindéro Händler
tindog stehen
tingáli vielleicht
tingog Stimme
tinidór Gabel
tinúod wahr
tip (engl.) Trinkgeld
tisyu Taschentuch
tiyá Tante
tiyó Onkel
toálya Handtuch
tomár nehmen
tonto dumm
tore Turm
trabáho Arbeit, arbeiten
transléyt übersetzen, dolmetschen
tribo Volksstamm
tsa Tee
tseke Scheck
tubág antworten
tubig Wasser
tudlo zeigen, lehren
tugnaw kalt
tugót erlauben
tuig Jahr
túktok klopfen
tuláy Brücke
tul-id reparieren
tulog schlafen
tumóng Ziel
tumutúo gläubig
tungá halb, Hälfte, Mitte;
tungáng gabii Mitternacht
tungód weil;
t. sa wegen
tuo glauben, rechts
tuón lernen
turísta Tourist

U

uban anderer, mit
ubó husten, Husten
ubós unten
udto Mittag
ug und
ugá trocken
ugma morgen
uháw durstig
ulahi letzte(r), spät
ulan Regen, regnen
uli zurückgeben
ulitáwo ledig (Männer)
umaábot: u. nga panahón Zukunft
una: unang ngalan Vorname
unibérsidad Universität
unlan Kissen
unsá? was?;
u. kalayó? wie weit?
unsáon? wie?
usáb wieder, wiederholen
usáhay manchmal
utokán intelligent
utro noch einmal, wieder, wiederholen

W

walá keine(r), ohne, links
weyter Kellner

Y

yabi Schlüssel
yero Eisen
yuta Erde, Boden, Feld

Die Autoren

Janet M. Arnado wurde 1970 in Malaybalay, Philippinen, geboren. Ihre Muttersprache ist Cebuano. Sie studierte Soziologie in Cagayan de Oro und Manila und machte ihren Doktor (PhD) in Virginia, USA. Mittlerweile betreibt sie ihr eigenes Forschungsinstitut „Research Institute for Gender and Women", organisiert und berät in nationalen und internationalen Projekten, meist mit Schwerpunkt Migrationsforschung. Sie wurde 2010 von der National Academy of Sciences als die beste Soziologin der Nation ausgezeichnet.

Volker Heinrich wurde 1969 in Bad Homburg v. d. H. (Hessen) geboren. Als studierter Gartenbauingenieur hat er sich auf die Tropen Südostasiens spezialisiert, war dienstlich in Indonesien und auf den Philippinen unterwegs, als er dann jung und ahnungslos unter dem Vorwand der Hochzeit von Janet gekidnappt wurde. Er befindet sich bis heute in ihrer Geiselhaft und wird mittlerweile - zu Janets Verstärkung - von zwei nicht ganz ohne seine Schuld entstandenen, niedlichen Kindern bewacht. Er macht aus seiner Situation das beste, lebt sein Hobby in vollen Zügen und betreibt mit der „Pitcher Plant Farm" die größte Fleischfressende-Pflanzen-Gärtnerei des Landes sowie nebenbei ein naturorientiertes Gästehaus im Hochland Mindanaos.